Web3.0

下一代互联网的
变革与挑战

姚前 陈永伟 等著

图书在版编目（CIP）数据

Web 3.0：下一代互联网的变革与挑战 / 姚前等著. -- 北京：中信出版社，2022.8
ISBN 978-7-5217-4536-8

Ⅰ.①W… Ⅱ.①姚… Ⅲ.①信息产业－产业经济－研究 Ⅳ.①F49

中国版本图书馆 CIP 数据核字 (2022) 第 123214 号

Web 3.0：下一代互联网的变革与挑战
著者：　　姚前　陈永伟　等
出版发行：中信出版集团股份有限公司
　　　　　（北京市朝阳区惠新东街甲 4 号富盛大厦 2 座　邮编　100029）
承印者：　宝蕾元仁浩（天津）印刷有限公司

开本：787mm×1092mm 1/16　　印张：13.25　　字数：120 千字
版次：2022 年 8 月第 1 版　　　　印次：2022 年 8 月第 1 次印刷
书号：ISBN 978-7-5217-4536-8
定价：58.00 元

版权所有·侵权必究
如有印刷、装订问题，本公司负责调换。
服务热线：400-600-8099
投稿邮箱：author@citicpub.com

目　录

前　言 ·· Ⅲ

第一章　Web 3.0：渐行渐近的新一代互联网 ················ 1
第二章　Web 3.0：变革与应对 ·· 17
第三章　Web 3.0 的经济逻辑 ·· 53
第四章　DAO：Web 3.0 时代的组织和治理 ··················· 73
第五章　DeFi：Web 3.0 时代的金融变革 ······················ 105
第六章　Web 3.0 时代的商业创新 ··································· 141
第七章　Web 3.0 语境下的数字资产 ······························· 173

前　言

姚　前

中国证监会科技监管局局长

　　Web 3.0 是一个宏大的概念，汇聚了我们对下一代互联网的美好向往和愿景。

　　它是一场数据变革，数据"所有权"和身份"自主权"将从大型平台回归到用户手中，互联网将更加平等，更加开放，更加符合群体利益。它是一场信任变革，信息互联网将演化为可信的价值互联网，并衍生出不同于传统模式的分布式经济、分布式金融。它是一场组织变革，企业的痕迹或将被"抹除"，没有董事会，没有管理层，没有公司章程……仅依靠算法就可开展各类业务活动，"无组织形态的组织力量"将成为经济系统的内在驱动。它是一场体验变革，互联网将变得更加智能化，更加人性化，更加个性化。通过AR（增强现实）/VR（虚拟现实）/XR（扩展现实）、可穿戴设备、人机接口等形式，人们可在立体全息的空间中，真实体验到前所未有的交互感、沉浸感和参与感。它是一场社会变革，覆盖社交、娱乐、生产、消费、商务……各类模式或将被重构并赋予新的内涵。它还可能是一场生产关系变革,用以太坊创始人维塔利克·布特林(Vitalik Buterin)的话说,每个人将在 Web 3.0 中拥有自己的"灵魂"(Soul),在社区中自下而上地聚集在一起,创造出一种新型的"去中心化社会"(DeSoc)。

归根结底,它是一场基础性的技术变革,涵盖产业互联网、芯片、人工智能、云计算、区块链、大数据、密码技术、虚拟现实、生物工程等各类前沿技术,被称为"寒武纪创新爆炸"。有人认为这种根本性的转变可能需要 25~30 年时间,但也有人认为,转变已经开始。

许多高科技公司正加快 Web 3.0 布局。"+Web 3.0"俨然成为继移动互联网之后又一个风口。"社交+Web 3.0""娱乐+Web 3.0""商务+Web 3.0"正逐渐成为潮流。2021 年,扎克伯格将 Facebook(脸书)改名为 Meta(元),宣布将在 5 年内把科幻小说中描绘的终极互联体验搬到现实世界,将 Meta 打造为一家"元宇宙公司"。推特已经在自己的主产品上设置了各种关于 Web 3.0 的应用。谷歌在官方博客表示 Web 3.0 热潮就像 10 年前互联网的兴起,并在 2022 年 5 月组建 Web 3.0 团队,大张旗鼓进军 Web 3.0。Mastercard(万事达卡)与 Immutable X(以太坊上的 NFT 的第二层扩展解决方案)等 7 个 NFT(非同质化通证)公司合作,将其支付网络引入 Web 3.0,用户可以使用借记卡和信用卡直接购买 NFT。

Web 3.0 浪潮不仅发生在桌面端,在移动端也正展现出巨大的潜力。在应用层方面,DApp(去中心化应用程序)已经远远超过 100 万个，并诞生了 StepN（边跑步边赚钱的 Web 3.0 应用）、Metamask（开源的以太坊钱包）等百万甚至千万级别用户量的产品；在偏基础层方面，Web 3.0 钱包项目（相当于 App Store）已经超过 95 个，公链项目（相当于苹果操作系统）高达 127 个。从公链、钱包、DApp，到 DApp Store，再到 Web 3.0 手机软件、Web 3.0 手机，一整套体系或将改变手机生态，甚至颠覆目前的移动互联网。越来越多的手机厂商开始关注并探索移动 Web 3.0 的开发和应用。例如，2022 年 6 月，HTC（宏达国际电子股份有限公司）发布了新版本的 Web 3.0 手机，这款手机内置了一个加密硬件钱包，便于用户在以太坊上购买和存储加密货币和 NFT 资产，同时还尝试通过"加密货币 + NFT + VR + 手机"的结合，为用户提供一个虚拟空间，打造一款具有沉浸式体验的元宇宙手机。

Web 3.0 创新已成为各国高度关注和重视的发展方向。2022 年 3 月 9 日，美国总统拜登签署了第 14067 号行政令，即《关于确保负责任地发展数字资产的行政命令》（Executive Order on Ensuring Responsible Development of Digital Assets）。这个行政命令一方面是为了防范数字资产风险，另一方面则是为了维持和保护美国在数字资产领域创新的领先地位。2022 年 5 月 6 日，日本首相岸田文雄在众议院预算委员会发表声明时指出："Web 3.0 时代的到来可能会引领（日本）经济增长，我们相信，整合元宇宙和 NFT 等新的数字服务将为日本带来经济增长。随着我们进入 Web 3.0 时代，我强烈认为我们必须从政治角度坚决推动这种环境。"

我国高度重视数字化转型和数字经济发展。2021 年 12 月，国务院印发《"十四五"数字经济发展规划》，提出到 2025 年，我国数字经济迈向全面扩展期，数字经济核心产业增加值占 GDP（国内生产总值）比重达到 10%。2022 年 6 月 24 日，上海市人民政府办公厅印发《上海市培育"元宇宙"新赛道行动方案（2022—2025 年）》，提出了上海未来元宇宙新赛道发展的总体要求、主要任务和重点工程。

这是令人激动的前沿领域，各国各界均在积极发力，不断探索。为了更好地厘清 Web 3.0 的定义、概念、逻辑、架构和发展思路，本书汇聚了国内相关领域资深专家学者对 Web 3.0 的研究成果，深入探讨了 Web 3.0 的定义、经济逻辑、组织治理、金融变革、商业创新、技术路线、法律合规和政策应对，涵盖 DAO（去中心化自治组织）、DeFi（去中心化金融）、NFT、GameFi（加密区块链游戏）、SocialFi（社交金融）、X to Earn（代币化项目之一）、元宇宙、创作者经济等诸多主题。希望本书的出版，能对学界和业界大有裨益。

第一章
Web 3.0：渐行渐近的新一代互联网

姚 前

互联网是人类通信技术的重大革命，对人类社会产生了极其深远的影响。随着当前各类信息技术的迭代创新，互联网正呈现向下一代演进的趋势。这一演进或将引发新一轮信息革命，进一步深刻改变人们的生活、工作以及社会的方方面面。在 Web 1.0 问世前夕，美国于 1993 年出台"国家信息基础设施"战略计划，大力建设信息时代的"高速公路"，从而获得 Web 1.0 和 Web 2.0 的全球领导地位。Web 经过 30 多年的发展，如今正处在从 Web 2.0 向 Web 3.0 演进的重要时点。加强关于 Web 3.0 的前瞻研究和战略预判，对我国未来互联网基础设施建设无疑具有重要意义。本章拟结合国内外互联网发展实践和技术演变趋势，分析 Web 3.0 的可能形态并进行相关思考。

Web 3.0 是用户与建设者拥有并信任的互联网基础设施

科技创业者兼投资人克里斯·迪克森（Chris Dixon）把 Web 3.0 描述为一个建设者和用户的互联网，数字资产则是连接建设者和用户的纽带。研究机构 Messari 研究员江下（Eshita）把从 Web 1.0 到 Web 2.0 再到 Web 3.0 的演变描述为：Web 1.0 为"可读"（read），Web 2.0 为"可读+可写"（read + write），Web 3.0 则是"可读+可写+可拥有"（read + write + own）。

Web 1.0 是早期的互联网，用户只能被动地浏览互联网提供的文本、图片以及简单的视频内容，是内容的消费者。而在 Web 2.0 时代，用户不仅可读而且可写，尤其是随着移动互联网以及 YouTube（优兔网）、Facebook、微信等网络平台的发展，用户可以在平台上创造和传播自己的内容（包括文字、图片、视频等），并与其他用户交流互动。但无论是 Web 1.0 还是 Web 2.0，用户的线上活动都依赖特定的互联网平台。即使在 Web 2.0 时代，用户可以是内容的生产者，但相关规则依然由互联网平台制定，用户缺乏自主权，主要体现为以下三个方面。

一是用户对数字身份缺乏自主权。用户只有在互联网平台上创建账户，才能获得参与相应线上活动的数字身份，一旦销户则会失去权限。每创建一次账户，用户都要填写一次个人信息。不同互联网平台企业建立不同的账户体系，各账户体系规则不尽相同，用户需要管理诸多账号和密码。不同账户体系间相互独立，容易形成"孤岛"，不利于互联网生态发展，还会衍生出垄断、不正当竞争等问题。近年来，联邦身份管理[①]（Federated Identity

---

[①] 所谓联邦身份管理，即不同应用都将认证的功能委托给可信任的第三方认证模块，对于身份的认证和授权都可以通过这个第三方模块进行。

Management，简称FIM）模式逐渐流行。虽然该模式减少了用户重复开户的次数，给予用户一定的身份自主体验感，但也并没有从根本上改变互联网平台身份管理模式的弊端。用户的数字身份仍捆绑在互联网平台的具体账户上。

二是用户对个人数据缺乏自主权。在大型互联网平台面前，用户个体相对弱势。面对"要么同意，要么不服务"的选择，用户只能同意个人数据被采集甚至被过度采集。如今，互联网平台高度渗透到社会的方方面面，向用户提供通信、社交、网购、资讯、娱乐等各类服务。为了获取这些服务，用户不得不让渡数据主体权利。大量用户数据集中于互联网平台，一旦泄露，将对用户隐私造成极大危害，如Facebook就发生过类似案例。一些互联网平台还可能滥用技术上的优势，诱导用户，在用户不知情的情况下收集和使用数据，并利用技术手段规避法律约束。

三是用户在算法面前缺乏自主权。算法是互联网平台的核心。算法可以进行独特的客户洞察，形成"千人千面"的用户画像，成为网络经济的制胜法宝。但近年来，算法滥用、算法作恶等问题日益突出。比如，有些平台利用大数据"杀熟"，同样的商品或服务，老客户获得的价格反而比新客户要高；有些平台只推荐能带来潜在商业利益的产品甚至假冒伪劣产品，而不是对用户来说最适合、最恰当的商品；有些平台滥用人性弱点，过度激励、劝服、诱导用户消费，使人们习惯"被喂养"，不自觉地对算法投放的产品沉迷；而算法的具体原理和参数只有运营企业的少部分人才能知道，易引发利益侵占问题；还有一些平台甚至利用算法作恶，推送低级庸俗的内容或耸人听闻的虚假信息以扩大流量。

Web 3.0 以用户为中心，强调用户拥有自主权，具体体现为以下几点。

一是赋予用户自主管理身份（Self-Sovereign Identity，简称 SSI）的权利。用户无须在互联网平台上创建账户，而是可以通过公私钥的签名与验签机制建立数字身份。为了在没有互联网平台账户的条件下可信地验证身份，Web 3.0 还可利用分布式账本技术，构建分布式公钥基础设施（Distributed Public Key Infrastructure，简称 DPKI）和一种全新的可信分布式数字身份管理系统。分布式账本是一种严防篡改的可信计算范式，在这一范式中，发证方、持证方和验证方之间可以端到端地传递信任。

二是赋予用户真正的数据自主权。Web 3.0 不仅赋予用户自主管理身份的权利，而且打破了中心化模式下数据控制者对数据的天然垄断。分布式账本技术可提供一种全新的自主可控数据隐私保护方案。用户数据经密码算法保护后存储在分布式账本中。将身份信息与谁共享、作何种用途均由用户决定，只有经用户签名授权的个人数据才能被合法使用。通过数据的全生命周期确权，数据主体的知情同意权、访问权、拒绝权、可携权、删除权（被遗忘权）、更正权、持续控制权能够得到更有效的保障。

三是提升用户在算法面前的自主权。智能合约是分布式账本上可以被调用的、功能完善、灵活可控的程序，具有透明可信、自动执行、强制履约的优点。当它被部署到分布式账本中时，其程序的代码是公开透明的。用户对可能存在的算法滥用、算法偏见及算法风险均可随时检查和验证。智能合约无法被篡改，会按照预先设定的逻辑执行，产生预期的结果。契约的执行情况将被记录下来，全程受监测，算法可审计，可为用户质询和申诉提供有力证据。智能合约不依赖特定中心，任何用户均可发起和部署，天然的开放性和开源性极大地增强了终端用户对算法的掌控能力。

四是建立全新的信任与协作关系。在 Web 1.0 和 Web 2.0 时代，用户对互联网平台信任不足。30 多年来，爱德曼国际公关公司（Edelman Public Relations Worldwide）一直在衡量公众对机构（包括大型商业平台）的信任程度。其在 2020 年的一项调查中发现，大部分商业平台都不能站在公众利益的立场上考虑自身的发展，难以获得公众的完全信任。而 Web 3.0 不是集中式的，不受单一平台的控制，任何一种服务都有多家提供者。平台通过分布式协议连接起来，用户可以以极小的成本从一个服务商转移到另一个服务商。用户与建设者平权，不存在谁控制谁的问题，这是 Web 3.0 作为分布式基础设施的显著优势。

Web 3.0 是安全可信的价值互联网

在计算机世界，若没有可信机制，由电子信息承载和传送的价值（Value）就很容易被随意复制和篡改，引发价值伪造与"双花"（Double Spending）问题。Web 1.0 和 Web 2.0 仅是信息互联网，虽然可以传播文字、图片、声音、视频等信息，但缺乏安全可信的价值传递技术作为支撑，因此无法像发邮件、发短信一样点对点传递价值（如数字货币），只能依赖可信机构的账户系统，开展价值的登记、流转、清算与结算。分布式账本的出现则提供了一种高度安全可信的价值传递技术。它以密码学技术为基础，通过分布式共识机制，完整、不可篡改地记录价值传递（交易）的全过程。其核心优势是不需要依赖特定中介机构即可实现价值的点对点传递，使互联网由 Web 1.0 和 Web 2.0 的信息互联网向更高阶的安全可信的价值互联网 Web 3.0 转变。

在 Web 3.0 上登记和传递的价值可以是数字货币，也可以是数字资产。分布式账本技术为数字资产提供了独一无二的权益证明。哈希算法辅之以时间戳生成的序列号，保障了数字资产的唯一性，使其难以复制。一人记录、多人监督复核的分布式共识算法杜绝了在没有可信中间人的情况下数字资产的造假行为和"双花"问题。数字资产还能做到不可分割（Non-fungible），如 NFT 可以以完整状态存在、拥有和转移。

除了来自链上原生，数字资产还可来自链下实物资产，如一幅画、一幢房子。如何保障链上数字资产和链下实物资产的价值映射是关键。可以考虑通过射频识别标签（Radio Frequency Identification，简称 RFID）、传感器、二维码等数据识别传感技术以及全球定位系统，实现物与物相连，组成物联网（Internet of Things，简称 IoT），与互联网、移动网络构成"天地物人"一体化信息网络，实现数据自动采集，从源头降低虚假数据上链的可能性。

Web 3.0 一方面能够实现用户侧自主管理身份，另一方面也可实现网络资源侧自主管理地址,真正做到端到端访问过程的去中介化。传统互联网作为全球化开放网络,其资源访问依赖中心化管理的域名系统(Domain Name System,简称 DNS)。DNS 作为互联网最根本的基础设施,虽然从 IPv4(Internet Protocol version 4,互联网通信协议第四版)到 IPv6 的过程中进行了系统扩展和优化,但仍有可能被操控。Web 3.0 作为全新的去中心化的价值互联网,需要全新的去中心化的 DNS 域名系统。这在技术上可以通过分布式账本实现,资源发布方可以自主注册和管理域名,用户可以自主查询和解析域名。DNS 不仅可以对传统互联网信息资源,还可以对更广泛意义上的数字资产、数字实体、区块链等进行命名和解析,从而使智能合约可以对数字资产以更方便和可读的方式进行操作,进而让 Web 3.0 可以更好地实现数字空间与现实空间的互动。

例如,以太坊域名服务(Ethereum Name Service,简称 ENS)就是一种 Web 3.0 域名服务。它是一个基于以太坊区块链的分布式、开放式和可扩展的命名系统。ENS 的工作是将可读的域名(如"alice.eth")解析为计算机可以识别的标识符,如以太坊地址、内容的散列、元数据等。ENS 还支持"反向解析",这使得将元数据(如规范化域名或接口描述)与以太坊地址相关联成为可能。与 DNS 一样,ENS 是一个层次结构的域名系统,不同层次域名之间以点作为分隔符,我们把层次的名称叫作域,一个域的所有者能够完全控制其子域。顶级域名(如".eth"和".test")的所有者是一种名为"注册中心"(Registrar）的智能合约，该合约内指定了控制子域名分配的规则。任何人都可以按照这些规则，获得一个域名的所有权，并可根据需要为自己或他人配置子域名。

Web 3.0 是用户与建设者共建共享的新型经济系统

互联网经济的典型特征是流量为王——用户越多，价值越高。最简单的用户价值变现方式是广告。直到现在，广告依然是互联网产业收入的重要来源。互联网平台还可利用大数据分析技术，从海量的用户数据中挖掘用户的特征、习惯、需求和偏好，借此开展精准营销和智能推荐，或者将相关数据分析产品卖给第三方并从中获利。在 Web 1.0 和 Web 2.0 时代，用户虽然可以免费使用平台提供的服务，且在早期平台引流时还会得到优惠券和消费红包之类的福利，但其作为互联网价值的源头却享受不到互联网的价值收益。由生态沉淀出的用户数据也被互联网平台占有，用户作为生态的重要参与者和贡献者无法从中获益。

Web 3.0 将重构互联网经济的组织形式和商业模式。Web 1.0 和 Web 2.0 以互联网平台为核心，由互联网平台组织开展信息生产与收集，通过平台连接产生网络效应，降低生产者与消费者之间的搜寻成本，优化供需匹配，因此被称为平台经济。而 Web 3.0 利用分布式账本技术，构建一个激励相容的开放式环境，我们称之为去中心化自治组织（Decentralized Autonomous Organization，简称 DAO）。在这样的环境中，众多互不相识的个体自愿参与"无组织"的分布式协同作业，像传统企业一样投资、运营、管理项目，并共同拥有权益（Stake）和资产。项目决策依靠民主治理，由参与者共同投票决定，决策后的事项采用智能合约自动执行。DAO 是一种"无组织形态的组织力量"，没有董事会，没有公司章程，没有森严的上下级制度，没有中心化的管理者，而是去中心化，点对点平权。用户共创共建、共享共治，他们既是网络的参与者和建设者，也是网络的投资者、拥有者以及价值分享者。

在 Web 3.0 时代，开发者可以创建任意的基于共识的、可扩展的、标准化的、图灵完备的、易于开发和协同的应用，任何人都可在智能合约中自由定义所有权规则和交易方式，以此发展出各类分布式商业应用，从而构建新型的可编程金融、可编程经济。一个智能合约可能就是一种商业模式，它可以具有无限的想象空间，用户将共同分享各类可编程商业项目发展壮大带来的收益。

如前述所言，Web 3.0 还赋予用户真正的数据自主权。个人信息将成为用户自主掌控的数据资产，他们可以在数据流转和交易中真正获益，使自己的数据不再是互联网平台的免费资源。

Web 3.0 是立体的智能全息互联网

超文本（Hyper Text）和网页浏览器（Web Browser）是 Web 1.0 和 Web 2.0 的关键技术。万维网（World Wide Web，简称

WWW）服务器通过超文本标记语言（Hyper Text Markup Language，简称 HTML）将信息组织成为图文并茂的超文本。WWW 浏览器和服务器之间使用超文本传输协议（Hypertext Transfer Protocol，简称 HTTP）传送各种超文本页面和数据。WWW 浏览器在其图形用户界面（Graphical User Interface，简称 GUI）上以一种易读的方式把 HTML 文件显示出来。由此，用户可以在界面上读取或浏览 HTML 文件，并且可以利用 HTML 文件附加的超文本链接标记，从一台计算机上的一个 HTML 文件跳转到网络上另一台计算机上的一个 HTML 文件。通过超文本技术连接起来的无数信息网站和网页的集合即万维网。万维网使得全世界的人们可以史无前例地跨越地域限制相互连接，通过互联网搜索信息、浏览信息、传送信息、分享信息，但人们并不满足于此。随着信息技术的迅猛发展，新一代互联网将更加智能。

目前的信息互联网是通过标准机器语言把信息组织起来，虽然在浏览器界面上以人类自然语言展示，但底层仍是机器语言，浏览器并不理解网页内容的真正含义。新一代互联网不仅能够组合信息，还能像人类一样读懂信息，并以类似人类的方式进行自主学习和知识推理，从而为人类提供更加准确可靠的信息，使人与互联网的交互更加自动化、智能化和人性化。万维网发明者蒂姆·伯纳斯-李（Tim Berners-Lee）于 1998 年提出语义网（Semantic Web）的概念。语义网就是能够根据语义自动进行判断的智能网络，它被认为是 Web 3.0 的特征之一。在万维网联盟（World Wide Web Consortium，简称 W3C）的推动下，语义网的体系结构和技术标准已经在建设中，如 RDF（Resource Description Framework，资源描述框架）/RDFS（RDF Schema，用于定义元数据属性元素，以描述资源的一种定义语言）、OWL（Web Ontology Language，网络本体语言）、SPARQL（为 RDF 开发的一种查询语言和数据获取协议）等。

Web 3.0 不仅是智能互联网，而且是立体全息互联网，它能够为用户提供前所未有的交互性以及高度的沉浸感和参与感，比如当前人们热议的元宇宙（Metaverse）。人们可以把元宇宙想象成一个实体互联网，在那里，人们不仅仅是看客，而且是置身其中的参与者。为了实现这样高度的真实感与沉浸感，需要多种先进技术的支撑。

一是虚拟现实技术。为了给用户提供更加逼真、更加沉浸、更多感官的虚拟现实体验，Web 3.0 需要借助沉浸式 AR/VR 终端、脑机接口、触觉手套、触觉紧身衣等先进设备，以及虚拟化身、动作捕捉、手势识别、空间感知、数字孪生等相关技术。就像电影《头号玩家》中，玩家头戴 VR 设备，脚踩可移动基座，就能进入虚拟世界一样。在虚拟世界中，玩家的每个动作都与真人的体感动作如出一辙，除了视觉和听觉外，玩家在虚拟世界中的触觉甚至也可以通过特殊材料真实传导给本人。相比之下，Web 1.0 和 Web 2.0 仅能传递视觉和听觉。

二是 5G（第五代移动通信技术）、边缘计算、云计算、AI（人工智能）、图像渲染等技术。为了传达同现实一样的交互感，Web 3.0 需要先进的高带宽网络通信技术，以便使各种终端能随时随地、低延迟接入网络。比如，通过图像渲染和 AI 技术，可提高用户在虚拟世界的实时拟真度，消除失真感；云计算可为用户提供顺畅无阻、即时反馈、稳定持久及虚拟共享的大规模交互与共享体验。

三是芯片技术。为支持海量的各种数据计算和传输，Web 3.0 需要极强的算力支持，而算力的根基则离不开性能强大的芯片。

综上所述，互联网迭代演进的轨迹如图 1.1 所示。

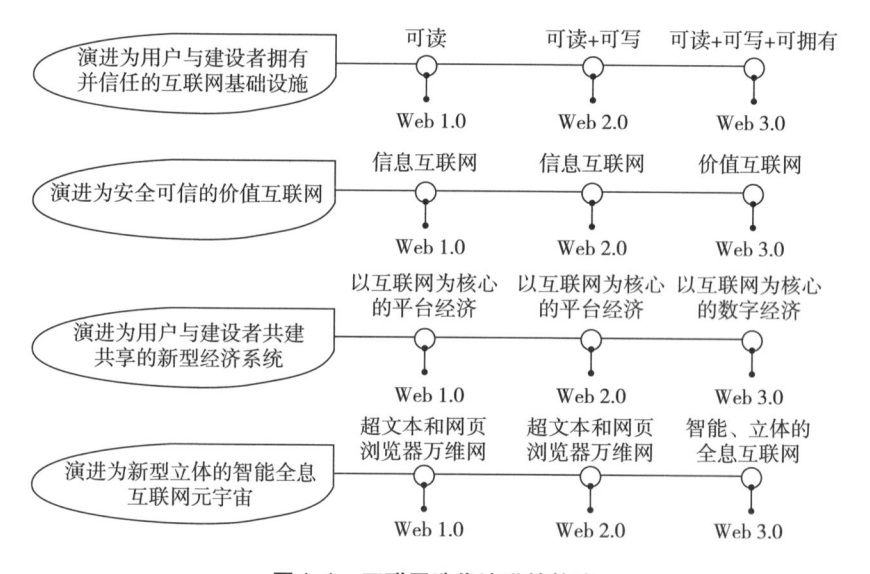

演进方向	Web 1.0	Web 2.0	Web 3.0
演进为用户与建设者拥有并信任的互联网基础设施	可读	可读+可写	可读+可写+可拥有
演进为安全可信的价值互联网	信息互联网	信息互联网	价值互联网
演进为用户与建设者共建共享的新型经济系统	以互联网为核心的平台经济	以互联网为核心的平台经济	以互联网为核心的数字经济
演进为新型立体的智能全息互联网元宇宙	超文本和网页浏览器万维网	超文本和网页浏览器万维网	智能、立体的全息互联网

图 1.1　互联网迭代演进的轨迹

Web 3.0 创新发展战略

Web 3.0 有望大幅改进现有的互联网生态系统，有效解决 Web 2.0 存在的垄断、隐私保护缺失、算法作恶等问题，使互联网更加开放、普惠和安全，向更高阶的可信互联网、价值互联网、智能互联网、全息互联网创新发展。作为公共基础设施，Web 3.0 的建设不仅需要发挥私人部门的创新精神，通过大众创新，竞争择优，更需要国家顶层设计以及宽严相济的治理框架给予规范和引导。具体来说包括以下方面。

一是建设高质量的分布式基础设施。不少行业人士将 Web 3.0 称为"寒武纪创新爆炸"。但目前很多技术要素与基础设施仍然不完善，如开发工具、技术标准、商业模式、分布式身份管理等均处于初级阶段。建议加大芯片、密码学、物联网等相关技术和学科的研发投入和产业布局，在此基础上建设权属清晰、职责明确、安全可控、高效利用的新型数据基础设施。

二是推动治理良好的技术创新。通过创新试点机制，为新型的可编程金融和可编程经济提供"安全"的创新空间，降低创新成本和政策风险。在试点过程中，不断改进完善监管重点、工具、手段、规则和制度安排，实现创新与安全的平衡。探索构建以用户为切入点、以建设者为核心、以智能合约为重点的新型监管框架，加强反洗钱和反恐怖融资。加强 Web 3.0 网络治理，维护国家数字主权，避免分布式网络沦为暗网、非法交易、洗钱的"天堂"。

三是建立通用标准，增进互操作性。TCP/IP、HTTP、SMTP、TLS/SSL 作为 Web 2.0 的标准协议，是目前互联网开放协作的基础。与此类似，Web 3.0 同样需要建立通用标准，避免各分布式网络成为新的"孤岛"。政府应为标准制定提供支持，在行业、国家、国际标准制定中发挥积极作用。

四是建立清晰、公平的税收规则。加强数字税理论研究和实践探索，密切跟踪数字税国际改革进展，积极参与国际税收规则制定，结合我国数字经济发展实际，建立规范、公平、科学、合理的数字税制度。

五是建立针对 DAO 的法律框架。DAO 是无组织形态的组织，是 Web 3.0 的新型经济协作机制。建议在国家层面针对 DAO 建立明确的法律框架，使其具有与普通企业一样的法律义务和权利，如申报、纳税、开设银行账户、签署法律协议等，从而充分扩展分布式经济的合规创新空间。

目前，Web 3.0 概念的内涵和外延还在不断丰富和拓展，这是一个动态演进的过程。如何及时跟进、明辨方向、有序竞争、引领创新，需要业界、学界、监管部门集思广益，共同推进。

第二章

Web 3.0：变革与应对

陈永伟　《比较》研究部主管

互联网的形态是随着技术的发展不断演进的。在经历了 Web 1.0 和 Web 2.0 时代之后，目前的互联网正在进行一场 Web 3.0 革命。Web 3.0 革命的初衷是试图以区块链等新技术为手段，打破少数大型平台企业对网络的垄断，让互联网回归其"去中心化"的本质，将对网络的控制权交还给用户。随着这场革命的不断深入，全新的软件应用、组织结构、行业形态和商业模式开始不断涌现，并正在对整个互联网展开重塑。

　　起初，Web 3.0 仅被一些网络极客所推崇，但随着革命的深入，Web 3.0 的概念已经被不少国家和政府所接受和认同。很多国家已经开始研究制定与 Web 3.0 相关的政策。可以预见，在不久的将来，Web 3.0 将成为国际竞争的一个新焦点。在这种情况下，我们有必要对 Web 3.0 可能带来的变革及挑战有一个充分的认识，并提前为相关政策准备预案。

　　本章对 Web 3.0 的发展历程进行回顾，并对 Web 3.0 可能带来的变革、引发的挑战进行一系列分析，同时有针对性地提出一些政策建议，希望能为公众和学术界认识 Web 3.0、制定与 Web 3.0 相关的政策提供一定的参考。

Web 3.0 的定义：一个简要的综述

所谓 Web 3.0 是针对 Web 1.0 和 Web 2.0 而言的。Web 1.0 和 Web 2.0 的说法，最早由奥莱理媒体公司（O'Reilly Media Inc.）的副总裁戴尔·多尔蒂（Dale Dougherty）提出，然后经过该公司的推广而逐渐被业界所接受。一般认为，Web 1.0 指的是只读网络。在 Web 1.0 中，网络的所有内容都由网站提供，一般的用户只能阅读内容，而不能与网站进行交互。而 Web 2.0 则是可交互的互联网，在 Web 2.0 中，用户不仅可以阅读网络上的内容，还可以发布自己的内容，并对网络上的内容进行修改。

在 Web 1.0 和 Web 2.0 的概念普及之后，很多业内人士开始思考，之后的互联网即 Web 3.0 会是什么样的。万维网的发明人蒂姆·伯纳斯－李认为，Web 3.0 应该是语义网。这种网络不仅可以理解词语和概念，还能够理解它们之间的逻辑关系。在这种网络中，人们的交流将变得更有效率。谷歌前首席执行官施密特（Schmidt）则认为，Web 3.0 应该是众多应用程序的集合。这些应用程序体积都相对较小，数据主要以云形式存储，其运行速度较快、可定制性较强，并且可以在任何设备上运行。以现在的观点来看，施密特认为的 Web 3.0 十分类似于云计算。国内的一些学者也曾试图对 Web 3.0 进行定义。倪楠（2006）认为，Web

3.0应该是具有"主动性""数字最大化""多维化"等特征的网络；刘畅（2008）则认为，Web 3.0是用户可以深度参与和深度体验的三维虚拟网络。不过，以上这些关于 Web 3.0 的定义都没有得到业界的公认。

现在比较流行的关于 Web 3.0 的定义是由以太坊的联合创始人加文·伍德（Gavin Wood）提出的。在伍德看来，"Web 3.0是一组兼容的协议。这些协议为用户提供了强大并且可验证的保证，保护他们接收和发送的信息以及他们的支付信息。通过授权用户在低门槛市场中为自己行动，我们可以确保审查和垄断机会的减少"。

很显然，伍德的上述定义是针对 Web 2.0 所存在的问题提出的。在 Web 2.0 时代，虽然用户都可以在网络上发布内容，与网络进行交互，但这些交互大多需要经由平台等中介进行。这样，一些垄断平台就在事实上获得了对用户信息、用户接入等的掌控权，而用户本人反而失去了对这一切的掌控权。在伍德等一些区块链从业者看来，Web 3.0 应该打破现状，让用户从垄断平台手中夺回本应属于他们自己的权利。

一些文献对于伍德的论述做了进一步概括和引申，认为他所讲的 Web 3.0 是一种可被用户拥有的互联网。知名区块链研究机构 Messari 的研究员江下（Eshita）就做过如下概括：Web 1.0 是"可读"（read）的互联网；Web 2.0 是"可读 + 可写"（read + write）的互联网，而 Web 3.0 则是"可读 + 可写 + 可拥有"（read + write + own）的互联网。2021 年 12 月 8 日，美国众议院金融服务委员会进行了一场名为"加密资产和金融的未来"（Crypto Assets and Future of Finance）的听证会，美国货币监理署（OCC）前代理署长、时任 BitFury 首席执行官布里安·布鲁克斯（Brian Brooks）向国会议员做了一段关于 Web 3.0 的汇报。在汇报中，布鲁克斯基本引用了江下的表述，将 Web 3.0 定义为"用户可以拥有产权"的互联网。由于有了美国国会的背书，因此这个定义是目前最为"官方"的 Web 3.0 定义。

除此之外，一些学者也试图在上述定义的基础上，结合目前互联网的一些新发展特征对 Web 3.0 进行定义。其中比较有代表性的定义来自中国证监会科技监管局局长姚前。在姚前看来，Web 3.0 应该有四方面特征：它应该是用户与建设者拥有并信任的互联网基础设施，应该是安全可信的价值互联网，应该是用户与建设者共享的新型经济系统，还应该是新型智能的全息互联网。在一定意义上，这个定义可以被视为对过去各种 Web 3.0 定义的综合。

Web 3.0 的变革

尽管关于 Web 3.0 的确切定义，目前学界还没有达成最终共识，但人们普遍认为，作为互联网的一种新形态，Web 3.0 将意味着一次重大的变革。具体来说，这种变革将体现在七个方面：一是将迎来一种新的网络身份体系，二是将催生一套新的财产权体系，三是将产生大批替代中心化平台的应用，四是将强化对隐私和个人数据的保护，五是将重构组织和治理模式，六是将催生新的业态，七是将带来新的商业模式。

Web 3.0 对网络身份体系的变革

人都是以某种身份存在于社会中的。在网络这个虚拟的社会中，人们的身份是以"账号+密码"的形式存在的。只要用户在网站注册一个账号，设置一串密码，网站就可以以此确认用户的身份，用户就可以获得与这个身份对应的权限以进行相关操作，并对这个身份名下的相关资产进行处置。

在 Web 1.0 和 Web 2.0 时代，"账号+密码"的身份识别体系本质上是一种中心化的体系，它本身存在很多不足。首先，在这种体系之下，用户的身份在本质上被中心化的平台所掌握，用户自己并不拥有最终的控制权。平台不仅可以以违反平台规则为由对账号进行封杀，甚至可以在某些情况下无条件回收某些账号。如果平台对某位用户执行了这些操作，那么这位用户在该平台的身份、社会关系，以及名下的资产就可以随之被剥夺。其次，在这种体系之下，用户个人对身份及与身份对应的资产管理是比较困难的。几乎每个人都会在多个网站注册，使用多个应用，而各个网站与应用之间一般不能共用账号，因此用户必须同时记忆和管理多个账号和密码。显然，这会给用户带来不小的成本。更重要的是，由于各平台和应用之间的身份识别系统不互通，因此用户在不同平台和应用中的资产就难以互认，更难以互通，这就对用户的跨平台操作造成了障碍。再次，通常情况下，用户每申请一个账号，或者用账号进行某项操作都需要提交相应的信息，这就增加了用户隐私和个人数据泄露的风险。

由于现有的身份识别体系存在以上不足，因此人们一直努力对其进行改进。现有的一些方案可以部分解决上述问题，但与此同时，这些方案也可能会反过来激化一些其他问题。比如，1999年微软推出"联邦身份管理"方案，即由部分应用组成联邦，在联邦内部使用同一身份，以解决密码过多、跨平台身份切换困难等问题。但是，"联邦身份管理"一般是由某个中心化平台主导的，因而这个方案很可能会强化这个中心化平台的权力，导致网络变得更为中心化。

Web 3.0 的倡导者希望采用一种新的方法——分布式数字身份（Decentralized ID，简称 DID）来解决网络身份认证的问题。通俗地讲，DID 系统是一个用区块链、加密通信等技术实现的，可以由用户（可以是个人或组织）控制的身份管理系统。用户可以形成自己的 DID，将其以及与其相关的文档（包括 DID 标识符、加密材料、加密协议、服务端点等）发送到区块链上。利用区块链的性质，可以保证其真实性、唯一性和不可篡改性，用户可以对这个 DID 进行自主控制。当用户需要验证某项身份，或者登录某个应用时，就可以使用这个 DID。这种身份验证系统可以有效地解决传统身份管理体系存在的各种问题。首先，DID 并不存留在某个平台中，而是依靠区块链进行验证。这样，用户就可以对这个身份拥有"自我主权"（Self-Sovereign）。其次，同一个 DID 可以接入多个平台，这样用户可以很容易地实现对自己身份以及资产的统一管理。再次，DID 可以帮助人们有效减少信息泄露的风险。过去，人们登录某个应用或者进行某项操作，需要提供大量的真实信息，而利用 DID，类似的工作则可以由一种"可验证声明"（Verifiable Credentials，简称 VC）机制来完成。举例来说，如果成为网约车司机需要有三年以上驾龄，那么用户要申请成为一名网约车司机，在传统技术规则下，需要上传驾驶证、行驶证等证明材料到平台。在一些意外情形下，这些信息可能会被泄露。而借助 DID 系统，用户可以向车辆管理部门申请一个 VC。这个 VC 不需要用户披露任何信息，用户只需要向网约车平台声明自己"驾龄大于 3 年"，就可以完成注册。在这个过程中，用户不需要向平台提供任何原始信息，因此可以有效避免信息的泄露。

Web 3.0 对财产权体系的变革

在 Web 2.0 时代，用户的线上财产（包括其自身创造的内容）主要是靠中心化平台来确保其财产权的。如果用户的线上财产受到侵犯，其唯一的选择就是诉诸平台。而在 Web 3.0 时代，财产权体系的维系则将以一种去中心化的形式实现。

目前，基于区块链的"非同质化通证"（Non-Fungible Token，NFT）是用于确定和维护财产权的最关键技术。顾名思义，"非同质化通证"也是一种通证，但不同于比特币、以太坊等"同质化通证"，它具有唯一性，并且不可分割。从性质上看，NFT 就像是数字资产对应的财产权证明，用户持有某个数字资产的 NFT 就代表其对该数字资产拥有财产权。现在，人们已经可以用一些专业的工具，很方便地制作数字资产的 NFT。一旦某个数字资产的 NFT 被制成，则这个数字资产本身的各种信息和交易历史都会被记录在区块链之上。关于数字资产的所有财产权状况变更都会立刻被广播至全网并被记入区块链，难以被篡改。通过这种方式，数字资产的财产权就可以得到有力的保护。需要指出的是，相比于传统的中心化的财产权体系，基于 NFT 的去中心化财产权体系还有很多独有的优势。

一方面，在传统的财产权体系中，与物相关的各种权利很难独立，更难以被单独转让或交易，而借助 NFT，这一切就很容易实现。用户只需要使用不同的 NFT 标识，就可以把各种权利一一区分开来。换言之，在这样的财产权体系下，界定、保护、转让某一独立权利的成本都会大幅下降。一些法学家曾经预言的财产权体系由"权利法定"向"权利自由"的转变也很可能因此得以实现。

另一方面，基于 NFT 的财产权体系还有助于破解"反公地悲剧"（Tragedy of the Anticommons）问题。所谓"反公地悲剧"，是指一个物品的财产权被多人拥有，从而导致财产权无法顺利进行交易。在互联网中，"反公地悲剧"的例子有很多。许多用户生产内容（User Generated Content，简称 UGC）都是由众多用户共同制作完成的，因而要交易这些内容或使其变现就很困难。而如果把类似的内容制成 NFT，再用 NFT 碎片化技术将其划分成等额的股份，那么每一个参与制作的用户就可以持有对应的股份，并可以对这些股份进行交易。这样，"反公地悲剧"问题就可以在一定程度上得到破解。

正是由于 NFT 的财产权体系具有这些优点，因此它现在已经被广泛应用于对图片、音乐、视频等数字产品以及各种 UGC 产品的财产权保护和流转。尤其是在目前流行的元宇宙项目中，其应用尤为广泛。可以预计，在 Web 3.0 时代，它将会发挥更大的作用。

Web 3.0 对中心化平台的变革

Web 3.0 的实践首先表现为对中心化平台的反抗，而要做到这一点，就必须用去中心化的方式复制中心化平台的相应功能，并处理好可能出现的各种问题。如前所述，借助对渠道的掌控，中心化平台先天拥有对用户的掌控力，可以通过各种规则规范用户的行为，并通过相应的算法来实现。而去中心化的网络显然没有这种权力，因而要实现与中心化平台类似的功能，就必须进行更为精密的激励机制设计，引导人们自发地协调行为。而区块链以及基于区块链的通证，则为设计这些激励机制创造了技术基础。

在实践中，人们用区块链技术创造替代中心化平台应用的例子已经很多。限于篇幅，这里只举两个例子，用以说明区块链技术创造对中心化社交网络平台，以及中心化搜索平台的替代是如何实现的。

对中心化社交网络平台的变革

在 Web 2.0 时代，社交网络平台是网络舆论场的中心，用户发布的很多内容都需要经过社交网络平台。由于社交网络平台具有很强的网络外部性，因此少数的几个平台会占据绝大部分的市场份额。以美国为例，比较大规模的社交网络平台就只有脸书、推特等少数几个。

当少数的社交网络平台占据市场以后，它们自然就获得了强大的市场力量，以及对用户发表的内容进行评判和审核的权力。如果平台认为某些内容违规，就可以对其进行标记或删除，甚至封杀内容的发布者。一个最为典型的案例就是脸书和推特以发布不实和有害消息为名封杀了美国前总统特朗普的账号。

社交网络平台这种近乎无限的权力当然引起了人们的不满，因而在 Web 3.0 时代，一些人开始尝试用去中心化的方式对社交网络进行改造，并创造出不少新产品。在这些新产品中，最有代表性的当推 Steemit。

Steemit 是一个建立在 Steem 公链之上的去中心化社交网络平台。从功能上看，Steemit 类似于博客，用户可以在上面发布自己的内容，并对他人发布的内容进行评论和转发。不过，Steemit 并不像脸书、推特那样有中心化的运营者，也没有专门的审核人员，它的运行完全依靠一套基于通证的激励系统自动维持（见图 2.1）。

Steemit 中的通证分为三类：

STEEM。这是 Steem 公链的基础通证，可以进行公开交易，也可以兑换为比特币、以太坊等加密货币。

Steem Power（简称 SP）。它被用来衡量用户的影响力，其性质类似于用户在项目中所占的股份。当用户拥有的 SP 更多时，其发帖和评论就具有更高的影响力。SP 不能直接买卖，用户只能

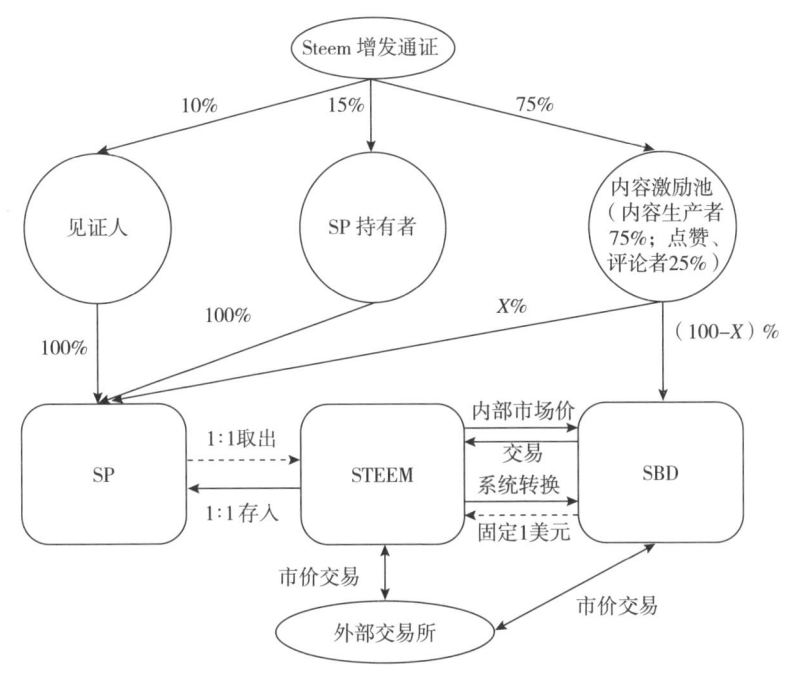

图 2.1　Steemit 的激励系统运作机制

注：图中的虚线表示不能实时完成。X 值由成员在一定范围内设定。

将自己持有的 STEEM 转换为 SP。当用户将 STEEM 转换为 SP 后，需要至少在 13 周以后才能重新将其转出。在此期间，用户可以获得根据 SP 分配的影响力，并且获得类似于股息回报的长期激励。

Steem Dollars（SBD）。这是 Steem 公链中的稳定通证，其价值被固定为 1 美元。无论 STEEM 的价值如何变化，用户都可以用 1 单位 SBD 兑换价值 1 美元的 STEEM。在这种设计下，风险回避型的用户就可以选择持有 SBD 来保值，而风险爱好型的用户则可以选择持有 STEEM 来获取价值波动带来的收益。此外，用户还可以直接使用 SBD 在一些网站购物。

第二章　Web 3.0：变革与应对　　29

Steemit系统每3秒就会产生一个新的区块，每个区块生产一定数量以STEEM计价的通证。新增发通证的分配方式如下：

其中的75%将分配给内容激励池，随后系统再将这部分通证按照比例分配给激励对象（包括内容的生产者和点赞、评论者）。通常内容生产者会得到这部分通证的75%，而点赞者和评论者则会获得这部分通证的25%。这些激励对象在获得通证后，可以设定一个比例$X\%$，并以SP形式持有其中$X\%$的通证，而以SBD的形式持有其中$(100-X)\%$的通证。

其中的15%将以SP的形式分配给所有的SP持有者，作为长期"持股"的奖励，以及对通货膨胀的补偿。

其中的10%将以SP的形式分配给"见证人"，也就是区块的生产者，用以弥补他们为生产区块所产生的硬件、电力等成本。

在一个以内容为主的社交网络中，维持用户活跃、创造优秀内容、发现优秀内容，以及回避劣质内容是四个十分棘手的问题，而Steemit就试图利用通证系统来解决这四个问题。

第一，为了维持用户活跃，Steemit不仅对发文、点赞、评论等活动都设置了相应的奖励，还通过不断增发的机制进行倒逼。持续的增发会带来通货膨胀的压力。[①] 因此，为了使自己手中的资产保值增值，用户就会在网络中维持更高的活跃度。

第二，为了创造优秀内容，Steemit设置了精巧的奖励机制。在Steemit上，发布内容是通证获取的重要来源。当一个用户发布

---

① 根据《Steemit蓝皮书》，2021年通胀率达到9.5%。

内容越多、质量越高时,其获得的收益就越高,这就给用户创造更多更好的内容提供了激励。在 Steemit 中,发布内容质量是用点赞量来衡量的。当某一内容的点赞量较高时,其 SP 就会较高,作者从该内容中获得的回报也就更大。不过,这种激励方式很容易引发用户雇人点赞的现象。为了防止这种现象的发生,Steemit 还设计了点踩选项。在被点踩之后,额外的点赞数所带来的收益就会下降。点踩越多,下降越快。如果一个作者本身发布的内容质量平平,却雇很多人来点赞,那么他就很容易招来其他用户的点踩,从而使其收入下降。除此之外,为了鼓励作者之间的质量竞争,Steemit 还设计了相对绩效竞争机制。当某一内容本身的点赞数保持不变时,如果同类的其他内容的点赞数上升,则原内容的作者收入也会下降。这就激励用户不能满足于既有的成就,而必须不断创作新的优质内容。

第三,为了保证优质内容被发现,Steemit 为优质内容的发现者设计了激励机制。一个用户点赞的内容获得后续用户的点赞数越多时,该用户就可以得到越多的收益。由于用户在一定时间内可以点赞的次数是有限的,因此他必须思考如何将这些有限的点赞数贡献给那些质量最高、最有可能受人们欢迎的内容。当某一内容的点赞数更多时,它获得推荐的机会也就更大。①

第四,为了回避劣质内容,Steemit 设置了点踩机制。如果用

---

① 这种激励机制类似于凯恩斯的"选美博弈"。在此机制下,理性决策者会更愿意为那些大众可能喜欢的文章,而非自己喜欢的文章点赞。

户对某一内容不满意，就可以对其点踩。点踩将降低该内容的影响力，使其可能带来的收益下降。当内容的影响力下降到一定的阈值后，它将被系统隐藏。① 点踩造成的影响和点踩者本人拥有的 SP 相关。一个拥有 SP 较多的用户对内容等级的影响会远远高于一个拥有 SP 较少的用户。

通过以上设计，Steemit 可以比较好地以一整套去中心化的方式解决社交网络所面临的四大问题，从而可以作为中心化社交网络的替代品而存在。当然，也必须看到，虽然 Steemit 的激励机制设计比较精巧，但其问题也十分明显。一方面，其 SP 的分配是不断累积的，这就意味着一些老用户的 SP 会随着时间不断膨胀。他们可以利用这一点来获得新用户无法与之相比的权力。这一点会导致 Steemit 网络事实上的不平等。另一方面，整个 Steemit 在底层治理上采用的是 PoS（权益证明）共识，这就意味着当有人掌握足够多的 STEEM，并将其转化为 SP 之后，就可以发动至少 51% 的攻击。这个时候，整个社区的民主决策将会完全受到破坏。②

对中心化搜索的变革

对于用户而言，从互联网的海量信息中检索出自己需要的信息是非常困难的事情。在 Web 1.0 和 Web 2.0 时代，人们主要依

---

① 由于内容一经发表，就永久存在于区块链上，因此系统并不能删除内容，而只能将其隐藏。
② 一个例子是 2020 年 3 月孙宇晨与 Steemit 社区之间的冲突。当时，孙宇晨通过凑集大量 STEEM 并换成 SP，用很少的投票节点投出了大量的票，成功否决了社区大部分成员支持的软分叉决定。

靠搜索引擎来解决这个问题。

从技术性质上看，搜索引擎本身很容易导致中心化。一方面，和其他的网络产品一样，搜索引擎具有十分明显的网络外部性，因而当最初的几个搜索引擎占据市场之后，其他竞争者难以与其竞争。另一方面，搜索引擎获取网络信息的手段主要是向网页部署爬虫，而这可能会导致网站拥堵等问题。为了克服这些问题，大多数网站都会设置反爬措施，只对少数几个知名搜索引擎开放，以提升自身的知名度。在这些因素的综合作用之下，整个搜索引擎市场就会被少数几个搜索引擎所掌握。根据美国众议院司法委员会的《数字市场竞争状况调查报告》，目前谷歌就拥有全球 PC（个人计算机）端通用搜索引擎市场 81% 的份额，以及移动端通用搜索引擎市场 94% 的份额。当市场上几乎没有竞争者时，谷歌等少数几家搜索引擎就拥有了巨大的、不受限制的市场力量。这时它们不仅会出于自身盈利的需要扭曲搜索排名，还会滥用自身的市场力量。事实上，从欧盟等经济体对大型科技企业的反垄断实践来看，谷歌已经是因垄断行为被处罚最多的科技企业之一。

为了打破谷歌等企业对搜索引擎市场的垄断，一些人开始在 Web 3.0 的框架下探索新的分布式信息检索方式，而通证管理注册中心（Token Curated Registries，简称 TCRs）就是其中比较有代表性的一个成果。

TCRs 是以列表形式输出的，并且每一个 TCR 都对应着一种通证。检索信息的用户可以根据需要找到相应的列表，并找到自己需要的信息。和中心化的平台不同，TCRs 中每一个列表的内容，以及这些内容的排序都不是根据某个算法给出的，而是来自大量用户的投票。为了保证这种投票的效率，TCRs设置了一套基于通证的激励系统。

具体来说，TCRs有三类用户。（1）搜索用户（Consumers）。这类用户希望自己在检索时，可以得到一份高质量的搜索清单。（2）候选人（Candidates）。这类用户希望自己可以被列入某个TCR。显然，当候选人被列入某个TCR之后，这个TCR对应的通证价值就会变化。（3）通证持有者（Token Holders）。这类用户关心通证价值的涨跌，因此为了维护TCRs的质量，他们会对候选人的申请进行投票。

当一个候选人申请加入某个TCR时，他需要存入一定量该TCR所对应的通证。当申请提出后，所有该TCR的通证持有者都可以评估该候选人加入后，是否能提升搜索用户的满意度，能否让通证的价值提升。如果有人认为该候选人的加入会损害通证的价值，他就可以对该申请提出挑战，然后让全体通证持有人进行投票（见图2.2）。只有当赞成候选人加入TCR的投票比例超过某个限度，候选人才会被允许加入，其事先存入的通证将会被返还，同时还会获得一部分额外的通证；如果赞成者的比例达不到某个限度，则候选人的申请将被驳回，其事先存入的通证将会被没收。

博弈论的分析可以证明，这套运行机制能有效地挑选出那些质量最好的候选项目，并将它们选入TCRs。正因此，目前TCRs已经在很多垂直领域得到应用，起到一部分帮助用户检索信息、替代搜索引擎的作用。

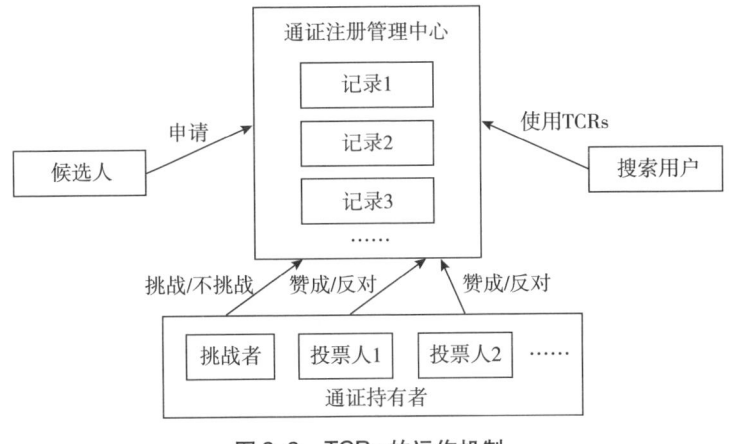

图 2.2 TCRs 的运作机制

Web 3.0 对隐私和个人数据保护的变革

在 Web 2.0 中，平台对用户隐私和个人数据的侵犯一直是一个难以破解的问题。造成这个问题的原因是多方面的。首先，在 Web 2.0 时代，大型平台是互联网的中心，用户的所有活动都需要经过平台，这就为平台搜集用户的隐私和个人数据创造了条件。其次，在 Web 2.0 时代，平台找到了很多将用户数据变现的商业模式。谷歌、脸书等大型平台公司的收入来源就是利用用户数据所提供的信息进行精准的广告推送。这样的商业模式为平台搜集用户数据提供了激励。再次，大数据技术的发展使得利用数据对用户信息进行分析成为可能，这就加剧了用户隐私泄露的风险。

Web 3.0 对用户隐私和个人数据的保护就是针对以上这些问题展开的。从技术层面上看，区块链本身就有匿名化、去信任化等特征，因而相比于 Web 2.0，它本身就能对用户的隐私和个人信息起到较强的保护作用。而在商业模式上,一大批基于区块链的去中心化应用被开发出来,这在很大程度上动摇了中心化平台原本的垄断地位,使用户在被迫出让信息换取服务之外有了新的选择。随着越来越多的用户开始使用去中心化的替代品,中心化平台侵犯用户隐私和信息的行为也会受到更多的遏制。

　　这里需要指出的是,虽然匿名化是区块链本身的特征,但其实传统的区块链应用架构还存在不少泄露用户隐私和个人数据的风险。以比特币为例,虽然在交易过程中,用户的账户信息都是匿名化的,但是交易的验证需要以明文形式广播到全网,交易就在事实上有了可追踪性。通过对交易的信息进行追踪,很多敏感数据,如发送方地址、接收方地址、这两个地址之间的链接,以及发送的比特币数量等信息都可以被获取。只要利用技术化手段对这些信息进行处理,就可以还原出用户的信息。不仅如此,类似比特币这样的虚拟货币大多是在中心化的交易所进行交易的,其中还需要涉及大量和银行的交互。如果对这些信息进行跟踪,就可以解析出更多关于用户的信息。

　　针对以上问题,已经有不少人致力于进一步推进区块链网络的匿名化,从而建设所谓的"完全 Web 3.0 隐私"(Full Web 3.0 Privacy)。目前,已经形成了不少解决方案。例如,以太坊上的匿名智能合约项目 Zether 利用密码学中的"零知识证明"原理,保证用户在进行交易时,不仅可以隐藏交易发送金额,还可以隐藏交易发送人。现在,这一项目已经得到摩根大通的支持和推广。又如,以太坊上的项目 Keep Network 也利用了零知识证明、SMPC

（安全多方计算）、同态加密，以及安全硬件等隐私技术，在以太坊的交易网络上增加了一个隐私层，从而让用户在交易过程中的信息得到更多保护。可以预见，在 Web 3.0 时代，类似的隐私保护项目将会越来越多。

Web 3.0 对于组织和治理模式的变革

Web 3.0 的兴起可能引发组织和治理模式的重大变革，去中心化自治组织将成为一种重要的组织形式，在社会和经济治理中发挥更为重要的作用。

在传统条件下，组织是以一种中心化的形式运作的。这种运行方式存在着很多问题，例如，其在决策上很难民主化，因而决策的正确性主要取决于少数人，"群体智慧"则不能发挥作用。与此同时，它在运作上主要依靠命令协调，其协调成本非常高。基于以上问题，曾有很多人设想对中心化的组织运作模式进行变革，建议用去中心化的方式来运营组织。早在 20 世纪 90 年代，就有学者提出了一种介于层级式组织和市场之间的网络式组织结构。后来的众筹、众包、共享经济等模式，在很大程度上就是依据这种构思创建的。不过，所有这些模式的实现，大多还要依赖一个中心化的平台，因而并没能实现真正意义上的去中心化和自治。

直到区块链技术的出现，去中心化组织才从设想变成可能。2013 年，EOS（商用分布式设计区块链操作系统）创始人丹尼尔·拉里默（Daniel Larimer）首先提出了 DAO 的概念。后来，维塔利克·布特林在《以太坊白皮书》中正式对DAO进行了定义。简而言之，DAO就是一种将组织的管理和运营规则以智能合约的形式编码在区块链上，从而在没有中心化控制或第三方干预的情况下实现自主运行的组织形式。

和传统的中心化组织相比，DAO有很多独有的特点。第一，在组织的结构上，传统的中心化组织大多采取验证的层级制（Hie-rarchical），而DAO的结构则比较松散，通常采用网状形式。第二，在组织的运作上，传统组织通常需要一个中心化的控制者进行协调，其他的组织成员遵照其命令行事；而DAO的运作则主要依靠智能合约的协调。第三，在组织的激励上，传统组织一般有专门的人员对成员的工作状况及绩效进行评估，然后确定奖惩，夹杂着一定的随意性和主观性，而DAO的激励则是由智能合约控制的，因此更为客观公正。第四，在组织的透明性上，传统组织的财务和运行状况基本是一个"黑箱"，需要专业的审计人员才能了解，而DAO的透明度则非常高，所有人都可以很容易地了解。第五，在组织的决策上，传统组织都是由中心化的小团队进行决策，而DAO在理论上可以让所有的组织成员都通过治理通证（Governance Token）对相关议题进行投票，进而实现决策的民主化。第六，在人员的进出上，传统组织是封闭的，人员的加入和退出都需要依照严格的程序，而在DAO中，组织的成员可以实现自由进出。

上述这些特点决定了DAO可以比传统的中心化组织更好地实现资源的组织和调配，并且可以更好地协调人们完成共同的任务。

正是因为具有这样的优势，DAO 越来越受到人们的青睐。起初，DAO 的使用者主要局限于对一些 DeFi（Decentralized Finance，去中心化金融）的应用，如 MakerDAO、DashDao，以及一些元宇宙项目，如 Decentraland、Axie Infinity 等。随着 DAO 概念的日益流行，很多传统企业也开始纷纷进行 DAO 改造。可以预见，随着区块链及相关技术的进一步发展，DAO 将会在 Web 3.0 时代成为举足轻重的一种组织和治理模式。

Web 3.0 对于业态的变革

在 Web 3.0 时代，去中心化技术可能会与某些传统业态相结合，从而产生一些全新业态。目前，这样的变革过程已经在金融行业展开，而"DeFi"就是这一变革的产物。

由于金融业本身对风险的控制等都有较高的要求，因此长期以来这些工作一直是由中心化金融机构从事的。中心化金融机构有其本身的盈利和风控目标，所以人们想要获得金融服务就会面临较高的门槛，金融服务的可及性（Financial Services Accessibility）就会受到限制。此外，中心化金融机构在提供金融服务时，通常会要求用户提供大量的资料和信息，这就对用户的隐私和个人信息安全构成了潜在的威胁。

随着区块链等技术的成熟，中心化金融机构的地位受到了挑战，一大批 DeFi 产品应运而生。得益于区块链的去信任化特性，人们在获取金融服务时需要付出的抵押品价值可以大幅降低，也不需要提供过多的信息资料。这样一来，金融服务的可及性就可以显著增强，而隐私和个人信息泄露的风险则可以得到有效的控制。不仅如此，基于区块链的智能合约还会让金融交易变得更为简便、顺畅，并且安全性大幅提升，规避人为原因导致的风险。

经过几年的演化，市场上的 DeFi 产品已经十分丰富。根据区块链风险投资机构 Outlier Venture 发布的报告，现有的 DeFi 产品可以分为三大类、九小类。

发行类产品

这类产品的功能是创造可交易、可转移并符合用户需求的金融资产。区块链技术使金融资产的创建和验证成本大幅降低，这使发行成为 DeFi 的一个重要应用。进一步来说，发行类 DeFi 产品还可以分为三小类。

（1）稳定币通证。这类产品主要利用算法调节，为用户提供币值稳定的通证。比如，以太坊上的 Maker 提供的稳定币 DAI 就是利用算法自动调节利率，进而调控市场供求，将其币值一直控制在 1 美元左右。

（2）借贷类产品。这类产品主要为用户提供贷款服务。通过算法的自动处理，系统可以有效控制借贷风险。以 Compound 为例，系统会根据事先确定的规则自动监控借款用户用于抵押的资产的价值变化。当用户抵押的资产市值降到某个临界点时，智能合约就会自动向用户发出补仓通知。如果用户未能及时补仓，系统就会自动执行合约，将用户抵押的资产卖出，以防止出借人的资产损失。

（3）证券、保险和 NFT 发行。利用其技术特征，区块链技术可以很容易地让人们将证券资产数字化，从而实现证券、保险和NFT的发行。尤其是NFT的发行，目前已经成为整个DeFi领域最为突出的应用。

交易类产品

顾名思义，这类产品主要为用户提供去中心化的交易场所。这类产品也可以进一步分为三个小类。

（1）去中心化交易。由于具有即时托管和无提款限制等重要特征，去中心化交易正在受到越来越多人的欢迎。目前，已经出现很多去中心化的交易所，例如币安（Binance）、IDEX、DDEX等都是其中的著名代表。

（2）衍生品、互换交易和预测市场交易。现阶段，这类DeFi应用还处于发展的早期，DyDx、Cdx、Angur、Gnosis等是目前比较有代表性的项目。

（3）流动性提供。这类产品的主要功能是为用户提供流动性，以帮助用户应对大额交易中流动性的缺乏。这类产品中最著名的是Uniswap。Uniswap是一个自动做市的应用。任何用户都可以在以太坊上使用Uniswap在任意两种数字资产之间建立交易对，并提供最初的流动性。

所有权管理产品

这类产品的主要功能是帮助用户对金融资产进行管理。这类产品也可以分为三个子类。

（1）钱包。现在，已经有越来越多的用户持有区块链上的资产，因此他们对这些资产进行有效存储和转移的需求日渐突出。

钱包类产品就是主要基于这种需求产生的。目前，市场上的钱包类产品很多，比较著名的有 MetaMask 的以太坊钱包，以及 Coinbase 的比特币钱包等。

（2）资产管理。人们拥有链上资产后，对这些资产进行管理，从而实现增值的需求就逐渐凸显。针对这种需求，市场上出现了不少帮助用户管理数字资产的应用。例如，ICONOMI、Melonport、Iconomi、CoinDash、Etherplan 等，都是比较典型的代表。

（3）支付网络。这类产品的用途主要是改善链上支付速度和效率，以及实现跨链的交易支付。目前市场上的类似产品也不少。例如，著名的 xDai Bridge 就是以太坊和 xDai Chain 的跨链支付应用。通过这一应用，DAI 的持有者可以将手中的 DAI 转移到 xDai Chain 网络上，而 xDAI 的持有者则可以将持有的 xDAI 转移到以太坊中。

需要指出的是，以上各类产品并不是 DeFi 的全部。事实上，它们仅是一些具有基本功能的产品。在业界，这些产品常被称为"金融原语"（Financial Primitives）。利用智能合约等工具，创作者可以很容易地将一些"金融原语"像搭积木一样组合在一起，形成功能更为复杂的产品。正是由于这种组合的简易性，DeFi 的生态正在迅速发展。

可以相信，DeFi 只是 Web 3.0 时代业态变革的一个典型。随着区块链等新技术的发展和普及，人们将可以对更多的传统业态实行改革，从而生成更多的新业态。

Web 3.0 对商业模式的变革

在 Web 3.0 时代，人们可以将智能合约、NFT、DAO、DeFi 等工具进行组合，从而创造出全新的商业模式。比如，最近著名的"边玩边赚"（Play to Earn，简称 P2E）就是 Web 3.0 时代出现的一种全新商业模式。

P2E 的模式源于在线游戏。传统上，游戏的商业模式是十分简单的，运营方负责运营游戏，通过出售游戏点卡、游戏内道具等获得相应的收入。在这个模式中，用户扮演的角色是完全被动的，对于自己在游戏中的角色和道具并没有所有权。而 P2E 模式则将游戏内的角色和道具制成 NFT，用户可以通过培养角色来实现 NFT 增值。同时，游戏运营商还可以将游戏与 DeFi 结合，利用金融手段激励用户，并引入 DAO 对游戏进行规范。通过这些工具的改造，传统的游戏就可以被改建为一个互动性很强的生态系统，运营商、玩家将可以在游戏中实现更好的互动。

以著名的元宇宙游戏 Axie Infinity 为例。在游戏中，玩家可以购买自己的宠物（Axie）。这种宠物本身就具有 NFT 属性，可以用来交易和收藏。除此之外，这些宠物还可以用来培育、战斗、繁殖。用户可以投入相应的资源来培养 Axie，增加其对应的 NFT 价值，并且可以在区块链上对 Axie 进行交易。由于这些 Axie 的购买和培养是需要前期资金投入的，因此在现实中，衍生出一种被称为"奖学金"（Scholarship）的制度：投资人招募一些玩家组成战队，在前期投入"奖学金"来购买以及培养 Axie，并对战队成员进行培训。此后，战队的成员负责培养 Axie，并且让 Axie 参加战斗，确保这些 Axie 对应的 NFT 增值。这些 NFT 的增值可以借助 DeFi 工具转化成收入流，作为玩家的工资。而整个战队的管理则采用 DAO 的方式。

通过这些改造，Axie Infinity 就从一个简单的游戏变成最为著名的元宇宙产品之一。在新冠肺炎疫情肆虐期间，东南亚有相当一部分人通过 Axie Infinity 来赚钱，这款主打 P2E 概念的游戏因此成了他们在疫情期间最重要的收入来源。

需要指出的是，P2E 并不是 Web 3.0 时代商业模式变革的个例。最近，诸如 W2E（Write to Earn，边写边赚）、L2E（Learn to Earn，边学边赚）等模式都陆续出现。相信在不久的将来，类似的商业模式创新将更为丰富。

Web 3.0 的挑战

通过以上介绍可以看到，Web 3.0 的兴起将给互联网带来很大变革，进而对生产、生活的方方面面产生巨大的影响。毫无疑问，在这个过程中，会带来很多的机遇，产生很多的红利。不过也必须认识到，Web 3.0 的实现还需要多方面的前提条件，同时 Web 3.0 的到来也会带来很多新的问题。从这个角度看，我们在迎接 Web 3.0 的同时也必须做好准备，以应对其带来的各种挑战。

第一，Web 3.0 要求的"去中心化"基础设施对现有的基础设施提供方式提出了挑战。任何重大的技术变迁都离不开相关基础设施的支持，Web 3.0革命自然也不例外。Web 3.0是以区块链技术为基础的，不过，对于一般的用户来讲，要搭建专属的区块链环境依然比较困难。这不仅需要投入巨大的人力、物力，而且安全性、可靠性等问题都难以解决。因此，除了少数头部企业，很少有企业可以独立部署区块链网络。针对这一问题，一些企业提出了"云链结合"的方案，试图将区块链应用放上云端，作为服务提供给用户。按照这种构思，所谓的"区块链作为服务"（Blockchain as a Service，简称BaaS）就可以构成Web 3.0的基础设施。

不过，这种构思显然是有问题的。虽然将BaaS作为基础设施可以大幅提升区块链的可及性，让更多的人可以使用区块链服务，但它同时又将对区块链服务的掌握权收回到少数大企业的手中。事实上，现在BaaS服务的提供商几乎都是Web 2.0时代的大型平台企业，如微软、谷歌等。如果Web 3.0时代的基础设施依然由其掌握，那么Web 3.0"去中心化"的初衷就不可能从根本上实现。

目前，人们解决上述问题的一个构思是引入"去中心化云"的概念，即利用区块链技术，进一步将中心化云服务商的功能去中心化。其中，目前比较成功的就是"去中心化云存储"技术，这种技术可以依托区块链技术有效配置分散在不同用户手中的存储空间，用于服务数据的存储，从而解决区块链网络存储难的问题。不过，从总体上看，目前Web 3.0对基础设施"去中心化"的要求和基础设施提供"中心化"的矛盾依然没有从根本上得到解决。

第二，Web 3.0 的开发需要复合型人才，对现有的人才培养体系提出了挑战。Web 3.0 的各种应用项目需要利用去中心化的机制来实现中心化平台的功能，而去中心化的机制通常需要一套非常复杂的基于通证的系统来实现。在这些系统的设计过程中，就需要综合应用数学、经济学和计算机科学的知识。尤其是经济学中的博弈论、机制设计和行为经济学，作用巨大。但在现实中，能够同时熟练掌握上述这些知识的人才可谓少之又少，这就给相关应用的开发带来了障碍。目前，国外已经有一些学者建议设立一门"通证工程"（Token Engineering）学科，综合讲授与通证设计相关的各种知识。但在国内，似乎暂时还没有专门的课程或专业来培养类似的人才，相关的专业教材和学习资料也很匮乏。

第三，Web 3.0 带来的各种变革，会给现有的法律和监管体系带来重大挑战。Web 3.0 会促使互联网以及与其相关的各行各业产生重大变革，催生很多新的组织形态、行业形态和商业模式。显然，关于这些新事物，现有的法律中并没有成文的规定，因此法律和监管体系应该如何与 Web 3.0 的发展互动，将会是一个重大的问题。

目前，Web 3.0 仅仅处于发展的初期，但很多问题已经凸显。例如，比特币、以太坊等加密数字货币在法律上应该如何定位？NFT 规定的权属与法律意义上的产权体系应该如何协调？DeFi 产品可能衍生出的金融风险应该如何防范？应当如何应对在 P2E 等新商业模式掩盖之下的赌博、洗钱等行为？DAO 在法律上应该如何定位，应该履行哪些权利和义务？所有这些问题，都考验着立法者和相关研究者的智慧。

第四,Web 3.0虽然以"去中心化"为目标,但它可能会带来新的"中心化",而由此产生的问题可能是更难以解决的。人们对于Web 3.0的"去中心化"期望是建立在区块链技术的基础之上的。人们一般认为,区块链技术可以有效保证权力的分散,很难出现一个绝对的权力中心,但现实并不是这样。例如,一项关于比特币的研究表明,被人们认为高度去中心化的比特币网络其实是一个非常中心化的网络:超过50%的网络算力被掌握在50个(大约仅占"矿工"总数的0.1%)"矿工"手中。这意味着,只要这50个"矿工"进行合谋,就可以针对整个网络发动"至少51%的攻击",对其他的用户产生绝对的权力——这种权力甚至是传统条件下的垄断者都难以企及的。

在一些具体的应用上,Web 3.0的"中心化"趋势则更为明显。以目前流行的元宇宙产品Decentraland为例。这一产品建立在区块链基础上,采用DAO治理。根据DAO的规则,所有用户只要持有治理通证就可以参与治理。但事实上,在这个总用户数达到数十万人的产品中,实际可以对决策产生影响的仅有数十人,其权力的中心化十分明显。如何应对这种由区块链技术和规则导致的中心化,很可能会成为Web 3.0时代亟待解决的一个新问题。

Web 3.0的政策应对

目前,Web 3.0已经成为国际竞争的新焦点。在欧美各国竞相对 Web 3.0 进行布局的背景下，我国也需要对 Web 3.0 提前布局，用各种政策为 Web 3.0 的发展扫清障碍，对 Web 3.0 可能引发的各种问题准备应对预案。具体来讲，以下五个方面是值得我们重视的。

第一，要加大投入，促进与 Web 3.0 相关的技术研发。Web 3.0 的发展是建立在区块链等技术基础之上的，但这些技术目前还存在着很多不足。例如，目前区块链在吞吐、延时等方面都存在很大缺陷，在支撑大规模的应用时效率非常低。又如，在安全方面，区块链存在着很多漏洞。这些问题都需要加大技术研发力度来解决。

第二，要加强引导，促进与 Web 3.0 相关的基础设施的建设。Web 3.0 需要很多去中心化的基础设施。和传统的基础设施相比，Web 3.0 基础设施的建设并不能依靠政府，或是依靠少数几个大型企业完成，而是需要社会各界的共同努力。但是，如果纯粹依靠社会自发的努力，则很可能造成基础设施的过度提供或提供不足。因此，政府需要出台相关的引导政策，对社会自发的基础设施建设进行协调，确保相关设施的供给更有效率。

第三，要研究与 Web 3.0 相关的标准建设，适时出台相关标准。现在，Web 3.0 的发展基本依靠各个企业、各个组织的独立探索。这种发展模式虽然有利于激发更多的创新，但各自为政的实践也导致各项目之间的不协调。尤其是跨链应用之间的互操作性很难实现。针对这个问题，政府及相关机构需要加强研究，适时出台不同应用之间通用的接口标准，确保不同应用可以互联互通，更好地发挥它们的合力。

第四，要加强与 Web 3.0 相关的人才培育。Web 3.0 的建设需要复合型人才，现行的教育体系难以满足这种需要。因此，为了配合 Web 3.0 的发展，需要对现行的学科培养体系进行变革。通过设置交叉学科，为相关人才培养提供足够的知识支撑，确保未来有足够的人才可以参与到 Web 3.0 的建设当中。

第五，要加强对 Web 3.0 相关法律问题的研究，适时出台相关的法律和法规。Web 3.0 会催生很多新事物，也会带来很多法律的真空地带。为了避免相关法律法规的缺位引发混乱，有关部门需要及时对这些问题进行研究，并进行有针对性的立法。这里需要指出的是，立法的时机必须选择得当。对于那些社会反响比较强烈，急需相关法律法规进行协调的问题，应当加快立法进程，以应对各种可能出现的矛盾。对于那些问题不太突出，或者目前还看不清楚的领域，则要秉承"让子弹再飞一会儿"的态度，做到谋定而后动。切忌在没有搞明白问题的情况下盲目立法，避免阻碍 Web 3.0 的发展。

总而言之，Web 3.0 时代的到来，必将带来很多新的机遇，也将带来很多新的挑战。在这种情况下，应当积极利用政策手段对其发展进行科学引导，切实确保 Web 3.0 的发展既迅速又规范。

参考文献

ASGAONKAR A, Krishnamachari B. Token curated registries——A game theoretic approach [EB/OL]. (2018 - 09 - 05) [2022 - 04 - 04]. https://arxiv.53yu.com/pdf/1809.01756.pdf.

BÜNZ B., AGRAWAL S., ZAMANI M., BONEH D. Zether: Towards privacy in a smart contract world [C] //Bonneau J, Heninger N. Financial cryptography and data security, Cambridge: Springer., 2020: 1 12059.

BROOK B. Statement of Brian P. Brooks [EB/OL]. (2021 - 12 - 08) [2022 - 04 - 04]. https://financialservices.house.gov/uploadedfiles/hhrg - 117 - ba00 - wstate - brooksb - 20211208.pdf.

Eric Schmidt defines Web 3.0 [EB/OL]. (2012 - 09 - 09) [2022 - 04 - 04]. https://www.imxh.net/eric - schmidt - defines - web - 3 - 0/.

ESHITA. Web3: In a nutshell [EB/OL]. (2021 - 09 - 10) [2022 - 04 - 04]. https://eshita.mirror.xyz/H5bNIXATsWUv_QbbEz6lckYcgAa2rhXEPDRkecOlCOI.

HANSMANN H, KRAAKMAN R. Property, contract, and verification: The numerus clausus problem and the divisibility of rights [J]. Journal of legal studies, 2002, 31 (S2): S373 - S420.

HELLER M. The tragedy of the anticommons: A concise introduction and lexicon [J]. The modern law review, 2013, 76 (1): 6 - 25.

John J, Lundy - Bryan L. What is Decentralised Finance or DeFi? [EB/OL]. (2019 - 06 - 01) [2022 - 04 - 04]. https://outlierventures.io/research/mapping - decentralised - finance - defi/.

KAUR J, VISVESWARAIAH B. A brief survey of token curated registries [C] // HASSANIEN A E, BHATTACHARYYA S, CHAKRABATI S, BHATTACHARYA A, DUTTA S. Emerging technologies in data mining and information security: Advances in intelligent systems and computing. Singapore: Springer, 2021: 1286.

MAKAROV I, SCHOAR A. Blockchain analysis of the bitcoin market [R]. NBER Working Paper No. 29396, 2021.

MERRILL T, SMITH H. Optimal standardization in the law of property: The numerus clausus principle [J]. Yale law journal, 2000, 110 (1): 1 - 70.

WOOD G. Why we need Web 3.0? [EB/OL]. (2014 - 04 - 17) [2022 - 04 - 04]. https://gavofyork.medium.com/why - we - need - web - 3 - 0 - 5da4f2bf95ab.

陈永伟, 程华. 元宇宙的经济学: 与现实经济的比较 [R]. 财经问题研究工作论文, 2022.

陈永伟. 美国众议院《数字市场竞争状况调查报告》介评 [J]. 竞争政策研究, 2020 (05): 5 - 20.

陈永伟. 平台反垄断问题再思考: "企业—市场二重性"视角的分析 [J]. 竞争政策研究, 2018 (05): 25 - 34.

陈永伟. 区块链通识 [M]. 上海: 格致出版社, 2020: 147 - 148.

陈永伟. 用区块链破解开放式创新中的知识产权难题 [J]. 知识产权, 2018 (03): 72 - 79.

刘畅. "网人合一": 从 Web 1.0 到 Web 3.0 之路 [J]. 河南社会科学, 2008 (02): 137 - 140.

倪楠. Web 3.0 时代来临? [J]. 互联网天地, 2006 (01): 7.

徐忠, 邹传伟. 区块链能做什么、不能做什么? [J]. 金融研究, 2018

(11)：1-16.

姚前. Web 3.0：渐行渐近的新一代互联网［R］. 中国金融工作论文，2022.

张涛，李睿，魏磊，等. 基于区块链的去中心化数字身份研究及验证［J］. 通信技术，2021（10）：2398-2402.

郑磊. 去中心化金融与金融创新的监管：以 DeFi 商业模式为例［J］. 财经问题研究，2022（04）：65-74.

第三章

Web 3.0的经济逻辑

邹传伟　万向区块链首席经济学家
曹一新　万向区块链研究员

互联网自 20 世纪末兴起以来，对人类社会的影响就是全范围的。Web 1.0 时代的标志应用是门户网站，相当于在线图书馆，用户在多数时候只能读取信息，信息的传播是单向的。Web 2.0 时代的标志应用是博客和社交媒体，信息的传播变成双向和互动的，用户创造了大量的线上内容。我们今天仍处于 Web 2.0 时代，但当前互联网商业模式的一些弊端已很明显，互联网商业模式的下一步演变已可预判，而这与元宇宙的发展有着紧密联系。本章对互联网商业模式的分析是围绕比特与价值这一核心关系展开的。

什么是 Web 3.0？

Web 3.0 概念近期备受关注。这一概念反映了人们对互联网下一步发展的期待，它与元宇宙概念之间也有很强的联系。尽管 Web 3.0 概念仍在发展中，尚无被一致认可的概念内涵和外延，但仍很有必要对其做出详细介绍。

Web 3.0 概念的流行

Web 3.0 用于描述人们对下一代万维网的憧憬。Web 3.0 概念颇具代表性的一次传播是在 2021 年 12 月 8 日，OCC（美国货币监理署）前代理署长布里安·布鲁克斯在美国众议院金融服务委员会举行的一次听证会[①]上对 Web 3.0 进行了言简意赅的介绍。布鲁克斯称，Web 3.0 相对于只读的 Web 1.0 和可读写的 Web 2.0，增加了可读写且可拥有的功能。他同时指出，在这个时间点，美国监管方对待 Web 3.0 态度的重视程度不亚于 20 世纪 90 年代 Web 1.0 诞生之时其对待新兴互联网的态度，并建议监管方在考虑稳定币和加密资产的监管方针之外，思考 Web 3.0 这个更加重大的话题。当布鲁克斯对 Web 3.0 概念做完宣讲，出席听证会的议员中有人当众喊道，"必须保证 Web 3.0 诞生在美国"。一时间，Web 3.0 的概念在社交媒体上获得大量传播。

Web 3.0 概念的由来

基于公链的 Web 3.0 概念与万维网之父蒂姆·伯纳斯-李于 1999 年提出的语义网有所不同。后者描述的是在万维网上通过 W3C 设置的一系列标准实现数据的机器可读性（machine-reada-

---

① Digital Assets and the Future of Finance: Understanding the Challenges and Benefits of Financial Innovation in the United States. U. S. House Committee on Financial Services [C/OL]. (2021-12-08) [2022-02-08]. https://financialservices.house.gov/events/eventsingle.aspx? EventID=408705.

ble），本质上是一种把数据的语义编码至数据的对现有万维网的扩展功能，从而帮助用户借助机器自动化处理更多的信息。随着谷歌等搜索引擎和脸书等社交平台用强大的算法技术为用户提供了更加精准的信息检索和推荐服务，语义网时代被行业认为已经到来。但这些靠用户隐私数据变现的商业模式并不符合蒂姆·伯纳斯-李建立万维网的初衷。2006年，蒂姆·伯纳斯-李将语义网描述为Web 3.0的一个子模块，他本人也开始致力于打造注重用户隐私保护、对抗Web 2.0中心化问题的产品，这一点与公链领域提出的Web 3.0概念殊途同归，但又并不完全相同。

基于公链的Web 3.0概念在2014年由时任以太坊共同创始人的加文·伍德在其个人博客中提出。SMTP、FTP、HTTP（S）、PHP、HTML、Javascript等协议和技术成就了如今丰富的云应用，为用户提供娱乐、消费、金融和社交等方方面面的产品和服务。同时，人们也意识到将信息委托给万维网上的中心化实体的风险。加文·伍德认为，这些协议和技术中的大部分将不得不根据我们对社会与技术之间相互作用的新理解进行重新设计，并对其目标做出了展望[①]：Web 3.0能够让人们自由发布想要公开的信息；能够让人们通过共识账本达成一致意见；私密信息得以保密，永远不会被泄露；通信在加密通道进行，终端以匿名身份形式存在，

---

① Gavin Wood. Dapps：What Web 3.0 Looks Like.［EB/OL］.（2014-04-17）［2022-02-09］. https：//gavwood. com/dappsWeb 3. 0. html.

无法被追踪。

还有一种视角,它将 Web 3.0 描述为空间网(Spatial Web)。正如德勤的一篇报告[1]指出,随着信息技术的演化,数字内容和物理实体之间的界线将越来越模糊,基于 AR/VR、5G、地理定位、物联网设备和传感器、分布式账本技术和人工智能/机器学习技术,数字信息将与现实世界整合,变成不可分割的空间网。这种视角更接近元宇宙概念描述的形态。

这些概念描述都是对未来数字世界里社交网络形态的一种期望,短期内哪一种方式能更快落地我们犹未可知。接下来,我们着重分析公链领域的 Web 3.0 概念的愿景、面临的挑战,以及目前应用架构的雏形,从而更好地理解其发展现状。

Web 3.0 概念的愿景

我们可以总结出公链领域 Web 3.0 概念强调的愿景,有以下几点。第一,更开放(例如,实现信息发布、传播、访问过程的抗审查)。第二,去信任(例如,信息达成共识的过程无须信任)。第三,更自治(例如,通过 DAO 进行关键决策,通过通证激励利益相关者的合理行为)。第四,更安全(例如,分布式存储保证数据可得性、基于密码学的信息安全和隐私保护技术)。

---

[1] The Spatial Web and Web 3.0. Deloitte Insights [R/OL]. (2020 - 07 - 21)[2022 - 02 - 16]. https://www2.deloitte.com/us/en/insights/topics/digital - transformation/web - 3 - 0 - technologies - in - business.html.

以上愿景的出发点涉及信息科技发展至今人们普遍关注的痛点，所以 Web 3.0 概念吸引了 a16z 等区块链领域知名风投公司的大力投资和宣导。从商业模式的角度看，Web 2.0 时代中心化巨头垄断互联网信息产业的格局带来两个问题。第一，为了提供更个性化的服务，公司需要搜集用户数据并进行商业分析。第二，用户创作的内容归互联网公司所有，这些内容可能被用于吸引新用户，也可能出于各种原因被公司删除。在当前环境下，用户被当作互联网产品的一部分，不仅存在用户丧失数据主权和隐私泄露的问题，也会扼杀小公司和个人创作者的创新产能。Web 3.0 提倡的开放网络有望提供一种刺激个人创作、优化利益配置的全新商业模式，为信息产业的经济发展提供新的原动力。

虽然在 Web 1.0 时代，万维网就是基于开源协议塑造的开放网络，但这种早期协议存在一个经典问题：公共商品的维护和发展缺乏有效的激励机制和盈利模式，去中心化协作和治理也缺少相应的工具，导致开源软件和应用在与借助 Web 2.0 中心化平台崛起的公司的竞争中迅速败下阵来。而区块链、FT、NFT、DAO 这些新涌现的技术为克服 Web 1.0 曾经面临的挑战提供了可能性，从而被用来憧憬创建一个比 Web 1.0、Web 2.0 更好的网络。

Web 3.0 概念面临的挑战

从现有技术的发展情况来看，通过在区块链平台上搭载一系列协议以及设计各种基于通证的经济模型，实现上述愿景的道路依然面临严峻的挑战。Web 3.0 概念在传播过程中曾遭到埃隆·马斯克（Elon Musk）和杰克·多西（Jack Dorsey）的质疑和讽刺。Signal Foundation 联合创始人马林斯派克（Moxie Marlinspike）则在其博客①中指出，目前 Web 3.0 在客户端层面实现去中心化的无力，使其不得不回归到 Web 2.0 惯用的模式：由中心化服务器向客户端提供 API 访问入口，从而引发抗审查、隐私保护、数据安全方面的一系列问题。

乐观的一面是，区块链和 FT、NFT 技术已经提供了内嵌于 Web 3.0 的支付和金融基础设施，能够帮助参与方非常便捷地实现业务信息流和资金结算流的整合，而且这些功能往往是模块化、可组合的，大大降低了金融基础设施的使用门槛。但是 Web 3.0 想要在更广范畴的信息传播网络中实现愿景，就需要更多的工具和协议来重构信息和价值的流通管道，这对现有的通信和金融基础设施都提出了挑战。

Web 3.0 强调信息的自由开放共享，但这也伴随着另一个挑战，即对信息内容的治理。虽然 DAO 在这方面被寄予厚望，但目前这种依赖智能合约处理简单逻辑规则的工具在复杂的人性面前似乎捉襟见肘。

而对于隐私保护问题，基于非对称密码学的假名身份系统并不能有效抵御隐私泄露问题。大户交易的需求甚至催生了 Nansen 等地址画像的数据分析应用。此外，Web 3.0 用户的大部分信息

---

① Moxie Marlinspike. My first impressions of Web 3.0 ［EB/OL］. （2022 - 01 - 07）
［2022 - 02 - 15］. https：//moxie. org/2022/01/07/Web 3.0 - first - impressions. html.

都公开存储于区块链，只有一些细分领域（如隐私加密货币）在尝试用密码学对用户信息进行保护。相对于获取更多用户流量而言，解决用户隐私泄露问题并不是 Web 3.0 的优先目标，这一点也是蒂姆·伯纳斯-李用来强调其打造的产品与公链 Web 3.0 有所不同的方面。虽然两者的目的都是解决中心化平台对信息拥有绝对话语权的问题，但前者是从信息发布的抗审查方面入手，后者则从个人隐私保护方面入手。

Web 1.0 和 Web 2.0 的经济逻辑

信息产品的重要性和免费提供

根据大卫·克里斯蒂安在《大历史：虚无与万物之间》中的观点，对能量与信息的获取，对权力、财富和知识的追求，是人类发展的根本动力。他还指出，相对于其他高等物种，人类最大的优势在于集体学习的能力，上一代人积累的知识、技能和经验等可以通过语言和文字的方式传递给下一代，使下一代人能在上一代人打下的基础上继续创新发展。人类很多活动的核心都是信息的获取、存储、分析和传播。这些方面技术的不断进步，是人类文明发展的重要推动力。信息的获取，从依靠人的感官，到使用以望远镜、显微镜和度量衡等为代表的各种测量工具，再到使用现在无处不在的各种传感设备；信息的存储，从结绳记事，到中东泥版文书和中国竹简，到纸和印刷术发明后书的普及和图书馆的兴起，再到磁盘、硬盘和云存储等数字化存储方式；信息的分析方法，从简单的技术，到包括统计学在内的各种量化分析方法，再到 AI；与此同时，计算技术也在不断提升，从算盘，到 PC，再到云端、终端和由各种专业芯片支撑的算法；信息的传播，从中国古代的烽火台和驿站，到电报、电话、电视和手机，再到 5G 网络。在这些过程中，人机交互能力也在不断提升，从用纸带做输入输出，到不断升级、用户友好程度不断提升的各种操作系统（OS）和用户界面（UI）。

信息的获取、存储、分析和传播都是需要成本的，但在 Web 1.0 和 Web 2.0 时代，用户已习惯免费获取和使用信息，并习惯了免费通信和开展社会交往。在现实世界中，消费者需要为报纸、期刊、书籍和各类电子书等支付费用，而在互联网上，除了少数收费墙以外，大部分新闻资讯都是免费可得的。在现实世界中，寄送邮件、发短信、打电话和在报纸上发声明都是要付费的，但在互联网上，电子邮件、即时通信系统（IMS）和社交媒体都是免费的。本来需要消耗成本的信息服务，却免费对外提供，这就是 Web 1.0 和 Web 2.0 时代的核心特征。

这些信息服务为什么能够被免费提供？现实世界中的实物产品，无论是一根针，还是一本书，即使在一些特定情况下可以免费对外提供（比如在促销活动中），但也是有限度的，每免费送一次就会少一批。Web 2.0 的这些免费对外提供的信息服务可以概括为信息产品，信息产品的一个核心特征是容易被复制，并且在没有版权约束的情况下，复制的边际成本几乎为 0，所以能不受限制地复制并对外提供。当然，一些 Web 2.0 信息产品通过技术手段引入收费墙,只有付费用户才能消费。但如果免费的信息产品能够吸引大量用户,获得大量用户信息,并且用户信息能产生巨大的商业价值,那么免费模式就会成为主流,这也正是我们在 Web 2.0 时代所看到的情况。目前,除了一些专业报纸杂志(比如《纽约时报》和《财新周刊》)、数据库(比如 JSTOR)和专门的社交媒体(比如领英和某些婚恋平台)以外,我们日常生活中使用的 Web 2.0 信息产品基本都是免费的。而那些收费的信息产品,有两种类型,第一类是产品的市场受众并非普通用户,第二类是用户数据的货币化价值不高。

用户数据的收集和货币化

用户在 Web 2.0 信息服务中留下痕迹的渠道非常多,其中包括,用户使用的硬件特征;基于操作系统的用户标识码,比如苹果 iOS 的广告标识符 IDFA;客户端记录网站浏览记录的 Cookie;互联网账户记录的用户行为信息。另外,用户在 Web 2.0 信息服务的很多场合都需要提供身份标识方面的信息,比如身份证件、手机号、银行卡号和照片等。基于这些信息,平台就可以对用户进行画像,推断用户的爱好、职业、收入、消费能力和信用资质等重要信息。用户画像实质上就是根据有限信息对用户进行分类,做到"人以群分"。

Web 2.0 信息服务机构对用户数据和用户画像的货币化途径主要包括以下方面。第一,广告。在用户画像的基础上,广告商可以通过 Web 2.0 信息服务机构向用户精准地投放广告,并以此提高商品销售量。Web 2.0 信息服务机构能够从中获得广告费收入，如脸书、谷歌、亚马逊和字节跳动等公司的广告收入占据其总收入的很大一部分，这属于通过广告使用户数据货币化的模式。广告有多种形式，包括网站的广告页面和商品搜索后的排序页面等，也可以嵌入游戏和电商平台中。第二，金融。如果用户数据的质量足够高，能够准确评估用户的风险偏好、还款意愿和能力等，就可以开展金融产品销售和线上消费贷款等业务（前提是有相关金融资质），或者将用户推荐给有相关资质的金融机构，并收取服务费。从实践来看，这两类用户数据的货币化方式都可以产生很大的商业价值，但弊端也非常明显：第一，对用户数据的收集和使用，经常是在用户不知情或没有授权的情况下进行的，但随着用户隐私保护意识的觉醒，以及越来越多的国家将隐私视为一项需要保护的基本人权，用户数据货币化面临的障碍也将越来越多。第二，Web 2.0 信息服务机构垄断自己收集的用户数据，一方面造成了数据孤岛问题，使数据要素不能有效流动，另一方面放大了自己相对于用户的优势地位，不利于对消费者隐私的保护。

平台模式

一些 Web 2.0 信息服务机构为了吸引更多用户并收集更多用户数据，采取了平台模式。一类平台模式的核心是双边市场，即由商品或服务的提供者和需求者两个群体构成，并且这两个群体之间有着相互加强的作用：在其他条件一样的情况下，提供者越多，需求者就越能以较低成本获得更多、更好的商品或服务；同样地，在其他条件一样的情况下，需求者越多，提供者就越能以更高价格、更多数量出售商品和服务。双边市场的典型代表有电商（商家+消费者）、共享出行（司机+乘客），以及房屋短租（房东+租客）。另一类平台模式依托社交关系，致力于将社交网络搬到线上，比如脸书和微信等。总体而言，平台模式在规模拓展上都存在棘轮效应，在突破一定的关键规模后会加速发展。为吸引用户加入，一些 Web 2.0 平台会大量使用以新闻资讯为代表的免费内容，或鼓励用户自己创造内容（UGC）。但平台模式容易出现垄断格局，影响市场公平竞争，因此，全球范围内对平台模式的监管将会变得越来越严格。比如，我国从 2020 年开始实施平台经济反垄断政策，2021 年 2 月国务院反垄断委员会发布了《关于平台经济领域的反垄断指南》。另外，平台对新闻资讯的免费使用，也越来越遭到媒体机构的抵制。2021 年，在新闻集团的推动下，澳大利亚立法要求脸书和谷歌向当地出版商支付新闻内容使用费。

总体而言，Web 2.0 的商业模式可以概括为，通过免费提供信息产品吸引用户，收集用户数据后，通过广告和金融等方式将其货币化，并搭建平台模式。这一商业模式在用户隐私保护、平台反垄断和新闻资讯有偿使用等方面受到的挑战越来越大。那么，有没有可能改变这一模式，让信息产品像实物产品一样有偿使用，从而降低平台对用户数据货币化的依赖？下面我们将围绕该问题展开详细讨论。

Web 3.0 如何让比特直接具有价值？

这一节因为涉及的信息形态较为多样，所以我们统一用"比特"来代表。从目前的实践来看，有三种方式可以让比特直接具有价值：一是数据要素市场，二是加密经济，三是游戏经济。

数据要素市场

2020年4月，中共中央、国务院《关于构建更加完善的要素市场化配置体制机制的意见》提出加快培育数据要素市场。北京、深圳和上海都在探索发展数据要素交易场所，确权后的数据要素作为经济资源被拿到市场上交易，以更透明、更符合市场规律的方式获得市场定价。在数据要素市场中，会有多方参与市场构建，包括个人、企业、政府，以及专业从事数据交易的数据银行、数据信托等角色，其中，我们认为数据信托更值得关注。

在数据信托中，收集并持有数据的机构（委托人），允许一个独立机构（受托人）来决定如何为一个事先确定的目标（这里包含受益人的利益）使用和分享数据。数据信托中的受托人一方面有权决定如何使用和分享数据，以释放数据中蕴含的价值，另一方面要确保其决定符合数据信托的设立目标以及受益人的利益。数据信托主要有三方面好处。第一，数据信托的受托人作为一个独立机构，在谁能使用数据以及如何使用数据等方面，能平衡不同委托人之间相互冲突的观点和经济激励的差异。第二，数据信托能够帮助多个委托人更好地开放、共享和使用数据。第三，数据信托有助于降低数据保管和分享等方面的成本以及对专业技能的要求。

近期有不少人提出，让个人掌握对自己数据的主导权，并通过对外出售个人数据而获益。这不是一个新想法，在".com"泡沫时期就有公司试验过，比如美国的 All Advantage 公司。该公司获得了软银的支持，最高估值达 7 亿美元，但在 2001 年破产。根据联合国贸易和发展会议的研究，个人数据市场的发展面临以下障碍：第一，个人数据的价值单独来看并不高，需要被集中后其价值才能得以体现；第二，个人数据市场的管理成本非常高；第三，个人数据的所有权难以确定；第四，个人数据市场的本质是将个人隐私从一项人权变为一种可以出售的商品，可能会造成伦理上的问题。隐私涉及个人与他人、私有与公开的边界，是个人尊严、自主和自由的重要方面。隐私不排斥共享个人信息，而是要有效控制共享过程，在保护和共享个人数据之间做好平衡。对个人数据来说，控制权和隐私保护的重要性超过所有权。

加密经济

前文提到，信息产品在没有版权约束的情况下被复制的边际成本几乎为 0，这种情况下如何让比特具有价值？这里我们必须提到区块链，区块链的不可篡改、不能"双花"和交易可审计等特征，让同质化和非同质化通证（Token）等数字符号具备类似实物产品的稀缺性。因此同质化和非同质化通证都可以被纳入加密经济，让数字符号直接具备经济价值，但这两类通证在加密经济中的作用是完全不同的。

同质化的通证大致分为两类。第一类，通证由算法决定如何发行，背后没有资产储备或信用背书作为支撑，并被人为赋予用途，比如用作区块奖励或手续费。比特币和以太币是此类通证的代表。每种此类通证都对应着一个DAO。通证代表着参与DAO的权益，但不构成DAO的负债。DAO中的经济活动使用通证作为结算工具。DAO更接近于市场而非企业。衡量DAO发展的重要指标包括参与者的类型和数量、网络效应，以及促成的经济活动规模。在其他条件一样的情况下，DAO支撑的经济活动规模越大，或通证的流动速度越低，通证的价值就越高。第二类，通证基于资产储备或信用背书发行，比如央行数字货币、稳定币和通证化的证券。此类通证的价值来自资产储备或信用背书。加密资产主要针对的是第一类同质化加密资产。

非同质化通证（NFT）与同质化通证的关键区别在于，NFT不能作为结算工具来清偿经济活动中产生的债务。因此，尽管NFT对应的用户群体也可以采取DAO的组织和管理形式，而且NFT也可以在不同用户之间转让，但NFT在DAO中"不能当钱花"。NFT也可以分成两类。第一类是区块链原生的，比如Loot。这类NFT的价值来自稀缺性、娱乐性和社区认同。第二类NFT代表区块链外的数字资产和实物资产，构成数字资产和实物资产的（不完美）所有权证书，比如艺术品、音乐、游戏中的虚拟资产和交易卡牌等。第二类NFT的价值基础是底层数字资产和实物资产的价值，但也因为 NFT 的特性而具有额外价值。

游戏经济

游戏经济的用户规模和市场价值非常高。比如，我国腾讯和网易的主要收入就来自游戏。但因为游戏对青少年的影响以及可能造成的成瘾问题，我国对游戏行业的发展一直有所抑制，2021 年起更是加大了监管力度。经济模型是一款成功游戏必不可少的组成部分，但我国学术界很少研究这个问题。美国印第安纳大学的爱德华·卡斯特诺瓦（Edward Castronova）教授是对游戏中经济活动进行严肃分析的专家。他的核心结论是：游戏中的经济活动，与现实中的经济活动遵循相同规律。

任何游戏经济都是围绕资源（resources）展开的。资源包括游戏中的服装、道具、装备和等级等，本质上都是具有一定稀缺性的虚拟产品。虚拟产品尽管是数字化的，但游戏开发公司通过中心化管理确保虚拟产品在游戏平台内不可被复制，从而具有一定的稀缺性。对每种资源，游戏经济都会针对四类经济活动进行规范：一是"水龙头"，指资源如何产生；二是"转换"，指一种资源如何转换为其他资源；三是"交易"，指不同资源之间的市场交易；四是"地漏"，指资源如何被消耗。从创造者的角度看，目前的资源可以分为两类：一是专业产生的（PGC），二是用户产生的（UGC）。将来资源还可以是 AI 产生的（AIGC）。

目前，主流游戏采取"免费玩"（Free to play）的模式，即用户可以免费玩游戏，但若希望增强游戏的体验感，就需要获取更多的游戏资源，而获取资源的方式只有两种：第一，用户花时间来赚取资源，而用户时间是游戏经济中另一类重要的稀缺资源，让用户在游戏中花费更多时间是游戏设计（包括经济模型设计）的一个关键目标；第二，用户花钱购买资源，也就是俗称的"氪金"，但购买的过程通常比较复杂。

主流游戏一般采取"双币"模式，形成"真钱—硬通货—软通货—虚拟产品"的多层架构。"真钱"指的是法定货币。"硬通货"的代表是腾讯的 Q 币。用户可以使用"真钱"购买"硬通货"，但"硬通货"不一定能兑换为"真钱"，Q 币就属于这种情况。在游戏经济中，"软通货"可以用"硬通货"来兑换，也可以按贡献大小奖励给用户。用户再用"软通货"购买游戏中的虚拟产品。

基于"双币"模式，游戏开发公司的商业模式非常清晰，其主要收入来自用户对游戏中虚拟产品的购买。由于游戏的用户基数大，用户在游戏中花费的时间非常多，因此"游戏＋广告"已成为一个重要趋势，将会为游戏开发公司提供一个新的收入来源。通过苹果 App Store（应用商店）和安卓 Play Store（游戏商店）分发的游戏，用户在游戏中的消费（in-App purchase）有 30% 被苹果和安卓收取，但这个比例近期有下降趋势。此外，用户之间也会私下交易游戏中的虚拟产品，这也是一个巨大的市场，但这种私下交易会造成游戏开发公司的收入漏损。

对 Web 3.0 的展望

第一,互联网发展的核心目标是帮助人类更好地驾驭能量和信息。越来越多的能量转换和交易将通过互联网进行。信息在人类社会中的意义将越来越重要。在某一时点,人类社会中的大部分人投入数字世界的时间将超过现实世界,在数字世界中创造和交易的价值将超过现实世界。

第二,信息的获取、存储、分析和传播以及人机互动等方面的技术将不断进步。物联网和无处不在的传感设备,正在高速且高精度地将自然环境、人类社会和人类活动等相关内容进行数字化复刻,之前大量难以被量化和记录的信息被物联网以数字方式记录下来。云存储和云计算将走向 C 端(Consumer),个人使用云存储和云计算将如同使用水、电、煤气一样普遍和简捷。AI 分析能力将普遍可得,但也会造成隐私保护和伦理方面的新问题。5G 网络、星链将带来高带宽、低延时的通信能力,通过互联网传播的信息量将继续高速增长。AR/VR 将成为关键的人机互动工具和重要的互联网入口。互联网将呈现三维化、浸入感强等特征。

第三,一些信息产品仍将免费提供给用户,但互联网平台会提高支付给内容生产者的报酬。媒体行业作为重要的内容生产者,将扭转过去 20 年的颓势。IP 资源持有者、创作者以及参与者在互联网平台的地位会相对提升。

第四,对用户数据的收集将会继续,并将采用新的技术手段。在用户隐私意识增强以及政府加强监管的背景下,隐私保护技术将得到越来越多的应用。政府推动的身份证电子化和市场机构推行的 DID 也将得到越来越多的应用。

第五，互联网平台对用户数据的使用，将通过数据要素市场予以规范。数据信托可能成为重构后的互联网商业模式的重要组成部分。用户数据货币化的方式仍将以广告和金融为主，但广告和金融等的形态也将发生很大变化。比如，中国人民银行自 2022 年起实施《征信业务管理办法》，要求金融机构不得与未取得合法征信业务资质的市场机构开展商业合作并获取征信服务，互联网平台不能把个人信息直接提供给金融机构，实现个人信用信息的"断直连"。

第六，游戏的意义将被重新评估，将与社交、广告和教育等紧密结合。游戏经济将继续发展，游戏中的虚拟产品会与 NFT 结合，但游戏经济将不局限于虚拟产品。

第七，在监管加强的背景下，加密经济将继续发展。在国外，加密经济将成为 Web 3.0 的一个重要组成部分，有忠实的用户，但不会延续目前"狂野西部"的局面。加密经济会将区块链应用于央行数字货币、稳定币、通证化的证券以及用 NFT 代表实物资产和数字资产等，并发挥区块链作为可信数据底座的功能。比如，用户通过 AR/VR 在数字空间里消费，获得 NFT 后可以将其兑换为真实产品。目前，NFT 在产权上含糊不清的局面将得到纠正。

第八，针对互联网平台的反垄断监管将不断加强，一些大的互联网平台将被分拆。

第四章

DAO：Web 3.0时代的组织和治理

陈永伟

Web 3.0 的兴起可能引发组织和治理模式的重大变革，DAO 将成为一种重要的组织形式，在社会和经济治理中发挥更为重要的作用。

在传统条件下，组织是以中心化的形式运作的。这种运行方式存在着很多问题，例如，其在决策上很难民主化，决策的正确性主要取决于少数人，"群体智慧"则不能发挥作用。与此同时，它在运作上主要依靠命令协调，其协调的成本非常高。针对以上问题，人们一直在寻找一种新的组织形式来替代现有的中心化组织，而 DAO 就是一个可能的答案。

根据维基百科的解释，DAO 是一种建立在透明的、编码为计算机程序的规则基础之上的组织。这类组织由所有组织成员共有，每一个组织成员都由程序来规则，而非某个中心化的领导者操控。借助区块链技术，DAO 很快就从概念成为现实，并已经被应用到很多不同的领域。在本章中，我们将对 DAO 的概念和特点、DAO 的分类、DAO 的治理和激励，以及盈利模式等问题进行介绍，并将以 Aragon 为例，介绍 DAO 是如何具体运行的。

DAO 的概念和特点

DAO 概念的由来

至少从 20 世纪 60 年代起，学者们就开始关注在一种去中心化的组织结构下，组织中的成员是如何互动、协调，以共同完成组织使命的（Shubik，1962；Beckhard，1966；Freeland and Baker，1975）。2006 年，布莱福曼和贝克斯特朗出版了《海星与蜘蛛》一书，他们在书中对去中心化组织进行了深入的分析（Brafman and Beckstrom，2006）。同一年，尤查·本科勒提出建立一种被称为"同行生产"（Peer Production）的组织的设想（Benkller，2006）。根据他的设想，在这种组织中，具有多样性动机的参与者可以独立、分散地开展工作，并通过相互间的交流来达到协调一致。从特征上看，这种组织已经和 DAO 十分接近。

在文献中，DAO 这个名词首次出现在迪尔格于 1997 年发表的论文中（Dilger，1997）。不过，这篇论文所指的 DAO 主要是物联网环境下的多代理人系统（multi-agent systems），和现在流行的 DAO 概念并不相同。

目前，我们经常提及的 DAO 概念主要来自与之相关的另一个概念——DAC。所谓 DAC，是"去中心化自治公司"（Decentralized Autonomous Corporation）的简称。2013 年，EOS 的创始人丹尼尔·拉里默在一篇评论比特币系统的文章中率先提出 DAC 的概念

(Larimer，2013）。在文中，他将比特币系统比作一个去中心化的公司，持有比特币的用户就是公司的股东，而比特币的"矿工"就是公司的雇员。这个公司并没有某个中心化的领导来发号施令，但所有的公司成员都能在一套规则的指导下自治运作。

不久之后，以太坊创始人维塔利克·布特林在 DAC 的基础上发展出 DAO 的概念，并将其写入《以太坊白皮书》。2014 年，布特林在一篇博客文章中对 DAO 的概念进行了更为详细的阐述（Buterin，2014）。文中，布特林将去中心化应用（Decentralized Application，简称 DA）、去中心化组织（Decentralized Organization，简称 DO）、AI、机器人、DC、DAC 等概念与 DAO 进行了对比。在比较过程中，他引入了三个维度：是否有内部资本、处于中心位置的是人还是自动化程序、处于边缘位置的是人还是自动化程序。对于 DAO 而言，它应当有自己的内部资本，处于中心位置的是自动化程序，而人则根据程序的协调进行交互和协作。需要指出的是，布特林重点比较了 DAO 和 DO 的区别。在布特林看来，是否"自治"是区分 DAO 和一般 DO 的最关键特征。一个组织可能是去中心化的，但如果它的运作规则依然是由某个个人决定的，那么它依然只是一个一般 DO。只有当它有自己存在的目的，不再按照某个具体个人的意志发展时，它才是真正意义上的 DAO。

DAO 的特点

与传统的组织相比，DAO 有很多独有的特点（见图 4.1）。

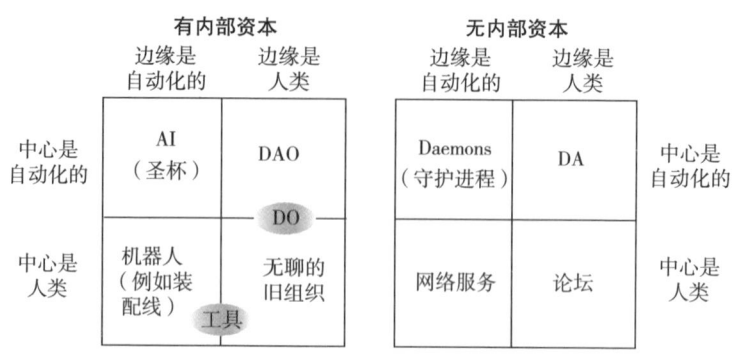

	有内部资本		无内部资本		
	边缘是 自动化的	边缘是 人类	边缘是 自动化的	边缘是 人类	
中心是 自动化的	AI （圣杯）	DAO	Daemons （守护进程）	DA	中心是 自动化的
		DO			
中心是 人类	机器人 （例如装 配线）	无聊的 旧组织	网络服务	论坛	中心是 人类
		工具			

图 4.1 布特林对 DAO、DO、DA 等概念的区分

资料来源：Buterin（2014）。

去中心化

如前所述，传统的组织在结构上通常是中心化和层级化的，而 DAO 在结构上是去中心化的，它通过自下而上的网络节点之间的交互、竞争与协作来实现组织目标。在每一个节点与节点之间、节点与组织之间，业务往来不再由行政隶属关系决定，而是遵循平等、自愿、互惠、互利的原则，由彼此的资源禀赋、互补优势和利益共赢所驱动。①

开放性和自主性

传统的组织大多是封闭的。人员要加入、退出一个组织，或改变在组织中的身份，都需要经过严格的程序。而在 DAO 中，这

---

① 需要指出的是，所谓"去中心化"是一个相对的概念。在大多数的组织中，都有去中心化的成分，但也不能称得上是完整的去中心化。有人曾经提出一个评估组织去中心化程度的测试：把组织想象为一间用砖砌成的建筑，而每个组织成员都是组成建筑的一块砖。那么最彻底的去中心化应该使得其中的任何一块砖被抽走都不会引起建筑的倒塌。

一切都是开放的。人们可以自由地选择加入或者退出一个DAO，也可以根据自己的爱好随意选择自己在DAO中的身份。例如，如果一个DAO的普通用户想要参与DAO的治理，他只需要按照DAO的规定抵押一定量的资产，或者做出一定的贡献；而如果他不再想参与治理，也可以很容易地取回自己先前抵押的资产，转而成为一名普通的用户。这样的高度自主性在传统的组织中是很难实现的。

自治性和自动化

在一个理想的DAO中，其运行的规则不是由某个个人或某个小团体制定的。理论上，每一个符合条件的DAO成员都可以参与规则的制定和日常事务的治理。他们可以自由地提出自己的方案，并对方案进行表决。当某个方案被采纳之后，就会被写入代码，自动运行。这样一来，"代码即法律"（code is law）的理念就得到了实现，组织的所有利益相关者可以在程序的指导之下自动运作，组织的信任成本、沟通成本和交易成本可以大幅度降低。

透明性

在DAO当中，所有的运作规则、用户的权责利分配，以及奖惩机制都公开透明，并以智能合约的方式加以保证。在高度自治的原则下，所有利益相关者的权益都可以得到有效的维护，可以保证整个组织运转的协调、有序。

通证化

在DAO当中，通证是最为重要的激励和激励工具。在既定的规则之下，DAO会自动将通证给予为组织做出贡献的用户，作为激励，从而保证所有用户都可以自觉地围绕组织的目标工作。此外，用户还可以通过治理通证投票，共同对 DAO 的发展方向，以及发展过程中的关键问题进行商议，从而保证整个 DAO 运行的高度自治性。

DAO 的分类

现在，DAO 的应用已经十分普遍。根据应用领域的不同，DAO 可以分为不同的类型。在一篇流传颇广的文章中，DAO 被分为八个类别。

DAO 操作系统（DAO Operating Systems）

这类 DAO 的主要功能是提供便捷的模块化工具和解决方案，以便于不同的 DAO 可以根据需求进行 DAO 的创建、通证分发、投票等。DAO 操作系统通常提供智能合约和接口，以推动去中心化社区的链上行动，使任何人都可以在技术能力有限的情况下轻松启动一个 DAO。

著名的 DAO 操作系统包括 Aragon、DaoStack、DaoHaus、Colony 等。

捐赠型 DAO（Grants DAO）

捐赠型 DAO 主要用于收集并使用社区捐赠资金，同时可以通过 DAO 投票决定如何将资金以治理提案的形式分配给各种贡献者和开发人员。捐赠型 DAO 的管理最初是基于不可转让的股份进行的，这意味着这类 DAO 参与者的动机主要是社会资本而非财务回报。

Gitcoin 是这种模式的先驱，Gitcoin 将自己描述为一个由建设者、创造者和协议组成的社区，他们聚集在一起谋划开放互联网的未来。Gitcoin 创建了一个支持 Web 3.0 的新基础设施（包括工具、技术和网络）的社区，以促进开源领域的发展，并为一些关键的开源基础设施项目提供资助，否则这些项目可能难以获得开发资金。同样，像 Uniswap、Compound 和 Aave 这样的大型协议都有特定的 DAO 功能，可以让社区成员投票决定如何分配资金来支付开发者的报酬，以促进协议的长久发展。慈善 DAO 如今也慢慢出现，旨在重新设想如何组织慈善捐赠。例如，Dream DAO 发行 NFT 以筹集资金，然后让 NFT 持有者投票决定如何将这些资金分配给资助目标（例如资助公民领袖）。

协议型 DAO（Protocol DAO）

协议型 DAO 的主要作用是将权力从核心团队转移到社区手中，为项目在市场发行可置换通证（fungible token）创造条件。

2018 年，随着以太坊智能合约的兴起，大量的加密协议如雨后春笋般出现。在这种背景下，如何对这些协议进行管理，就成了人们必须面对的一个问题。协议型 DAO 就是在这样的背景下产生的。

在协议型 DAO 中，相关决策是由用户集体，而不是由开发团队做出的。通常，协议会基于用户的使用量和贡献程度发放治理通证，赋予用户相应的投票权。DAO当中的任何用户都可以提出改进协议的提案，通证持有者可以投票决定开发人员是否应该采纳该提案。

目前，大量的交易和借贷资产协议，如Uniswap、Sushiswapo、Lido、Radicle、Compound、Olympus和Aave等，都采用协议型DAO进行管理。

投资型DAO（Investment DAO）

投资型DAO是受到协议型DAO的启发产生的：既然素不相识的人可以通过DAO来管理智能金融协议，那么用DAO来协调和管理投资行为就是可行的。通过DAO，投资俱乐部可以有效地汇聚成员资产，并对投资方向、投资策略等问题达成一致，从而有效提升投资的效率。

目前，不少投资机构和投资群体都采用投资型DAO进行管理。以BitDAO为例，它由去中心化交易所Bybit开创，其目标是为区块链生态系统中的不同项目，包括游戏、DAO、DeFi等提供资金。目前，其管理的资金已经达到二十多亿美元，其金库规模在所有的DeFi项目中仅次于Uniswap。

需要指出的是，相对于其他类型的DAO，投资型DAO在法律上面临的障碍更大。尽管如此，它依然为新时代的投资管理提供了一种可能的方案。

服务型 DAO（Service DAO）

服务型 DAO 类似于一个在线人才中介机构，它将来自世界各地的人聚集在一起以构建产品和服务，客户可以发布特定的任务，并设定奖金。一旦任务完成，客户除了需要奖励贡献者，还需要向 DAO 的资金库支付一部分费用。与此同时，贡献者通常还会收到 DAO 的治理通证，并参与 DAO 的治理。通过这种手段，服务型 DAO 就可以重塑人们的工作方式，让全球的人才可以根据自己的时间安排工作，从而实现人力资源的更好配置。

社交型 DAO（Social DAO）

社交型 DAO 的主要目的是将志同道合的人聚集到在线社区中，并利用通证对他们的行为进行协调。不同于投资型 DAO，社交型 DAO 关注的是对社交资本而非金融资本的培育。从某种意义上讲，它可以被视为过去社交论坛的一种进化——如果愿意，人们可以将社交论坛中的好友进一步发展成自己的同事。

在实践中，社交型 DAO 十分流行，比如，去中心化社交平台 Friends with Benefits、社交项目孵化器 Seed Club，以及拥有"无聊猿"（Bored Ape）的 Bored Ape Yacht Club 等在管理上就采用社交型 DAO。尤其需要指出的是，在实践当中，不少专业社交论坛，都演化出对应的 DAO 形式。例如，Radicle 就是一个用于代码协作的去中心化平台，其功能类似于 GitHub。但和中心化的代码协作平台不同，它完全由 Radicle 通证的持有者以 Radicle DAO 来控制。成员可以通过社区计划和一系列措施协调金库中的通证分配，以支持网络可持续性发展。

收藏型 DAO（Collector DAO）

收藏型 DAO 的主要目的是收藏和运营 NFT。利用收藏型 DAO，策展人团体可以把特定艺术家、平台和作品系列黏合起来，以创造 NFT 的长期价值。

比如，Pleasr DAO 与 Flamingo 都是收藏型 DAO 的典型例子。Pleasr DAO 是一个由 DeFi 领导者、早期 NFT 收藏家和数字艺术家组成的团体，它在以慈善方式收购具有文化意义的作品方面建立了强大的声誉。而 Flamingo 则是一个基于 Neo 区块链和 Poly Network 互操作性协议的 DeFi 平台，它将多个 DeFi 应用程序组合到一起，形成了一个有机的生态系统。

媒体型 DAO（Media DAO）

媒体型 DAO 主要被用来重塑内容创作者、消费者与媒体互动的方式。这些 DAO 不再依赖基于广告的收入模型，而是使用通证激励奖励创作者和消费者。

以著名的媒体型 DAO——Bankless DAO 为例，它启动于 2019 年，以宣传去银行化（Bankless）运动及相关的文化和知识为目标。读者可以在 Bankless 中做出贡献，比如通过创作文章、研究、平面设计、文章翻译、营销服务以及对关键决策进行投票来赚取更多的 BANK 通证，并通过通证参与 DAO 的治理。这样，Bankless DAO 就可以在没有广告收益的情况下，重新调整读者、创作者和媒体之间的利益分配，激励他们自发地进行良好的协作。

DAO 的运作

一个组织要正常运作，就必须解决好三件事：一是决策，即决定组织要达成哪些目标，以及按照什么规则来达成这些目标。二是执行，即保证组织成员可以按照任务分配，根据规则高效地完成组织目标。三是监督和反馈，即对执行的过程和结果进行观测和评价，并根据其状况做出奖惩。在传统的中心化组织中，决策通常是由组织中处于领导地位的一小部分人做出的，然后由具体的办事人员根据规则执行，专门的监督人员则负责对执行的状况进行考评。

DAO 的运行和中心化组织有很大不同。一方面，在 DAO 当中，决策理论上是由所有符合资格的用户做出的。因而，在一个运作良好的 DAO 当中，必须有一个有效率的民主决策系统。另一方面，由于 DAO 的组织成员并没有隶属和指挥关系，因此每一个成员究竟是否愿意承担某项任务，在执行任务时花费多大努力，都是由给定的规则决定的。在成员按照规则完成任务之后，智能合约会自动给出奖惩。因此，在 DAO 当中，执行、监督和反馈问题就直接简化为一套合理的激励机制，让其能够诱导成员照此行事，然后将它交给智能合约执行。

DAO 的决策

很多人认为，借助区块链技术，DAO 可以很容易地发起链上投票，实现全体成员的广泛参与，由此可以实现一种理想化的决策民主。但在现实中，由于链上投票的成本较高，因此它只能用来解决少数重大的决策问题。一般来说，大多数 DAO 都会在决策过程中设置"链下"和"链上"两轮投票过程，前者主要是在社区论坛中进行，其作用是甄别出那些需要进行链上表决的重要话题。除此之外，区块链技术的引入并不能破解民主决策本身的一些缺点。

从理论上看，DAO 的决策面临着"规模""参与性""质量"的"三难"问题（Tally，2022），如图 4.2 所示。[①] 具体来说，如果要在一个规模较大的 DAO 当中，让所有成员都无条件参与决策，那么讨论就很难达成共识，一个能代表大部分成员意志的决策就比较难以产生；如果要保证参与的大规模，以及决策的高质量，那么就需要对参与人设定一定的门槛；而如果要让参与门槛低，同时保证决策高质量，那么进行决策的 DAO 的规模就不可能太大。因而，在不同的情况下，DAO 需要设定不同的票数分配规则和投票规则。下面，我们将对目前的 DAO 当中流行的票数分配规则以及投票规则进行介绍，并对它们各自的利弊进行分析。

[①] blog. tally. xyz/dao – governance – challenges – ideas – and – tools – 1504fd82be24.

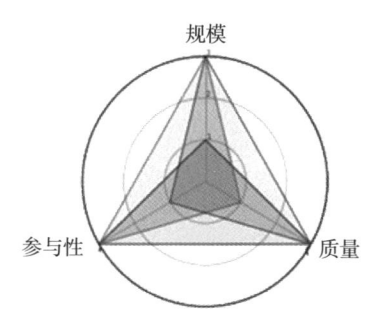

图 4.2 DAO 的"三难"问题

DAO 的投票权分配规则

在目前的 DAO 当中,比较流行的投票权分配规则包括一人一票(1P1V)、一币一票(1T1V)、基于声誉的票数分配(Reputation based weights),以及代理投票(Delegate voting)等。

一人一票

在所有的投票权分配规则中,一人一票是最为直观的。

这种分配方式的优势是:它可以保证所有 DAO 的用户都得到同样的选票,可以实现最大范围的民主化。由于每个用户拥有的选票都是相同的,因此可以有效地避免少数"财阀"控制整个 DAO 的局面。

不过,它的缺点也同样明显:第一,由于是按人头分配选票,因此一些不法之徒很容易通过注册虚假的"僵尸"用户,或者直接用机器人用户等方式骗取选票,从而获得更高的投票权重。第二,由于并不是所有的参与人都具有足够的治理经验,因此这种一人一票的"大民主"未必能够帮助DAO做出最优的决策。第三，由于投票资格的获取过于容易，因此很多人根本不会珍惜。在很多时候，他们并不会积极参与问题的讨论和表决，投票时也不会很慎重。

正是因为上述缺点，所以在现实中，使用类似方式进行选票分配的DAO通常会采用一定的手段对这些问题进行修正。例如，在去中心化争议解决平台Kleros的DAO中，就设置了"人类证明"（proof of humanity），注册用户需要在经过提交个人资料、进行人脸识别等程序，并被证明是真人之后，才能获得相应的投票资格。Governor DAO则发行了"存在证明"通证。当用户进行相关认证后，就可以获得这一通证。这个通证的作用相当于"选民资格证"，用户可以凭此获得相应的选票，并进行投票。

一币一票

顾名思义，一币一票即按照用户锁仓的通证数量分配选票。现实中，不少DAO都采用这种方式进行选票的分配。

一币一票在一些方面能够克服一人一票的缺陷：一方面，所谓"有恒产者有恒心"，因为用户手中的通证价值是和项目运作状况相关的，所以人们在投票时会比较慎重，而不会像一人一票制下那么随意。另一方面，相对于一人一票，一币一票给投票资格的获取设置了财富门槛，这就可以比较好地剔除那些"僵尸"用户，或者"机器人"用户。

不过，一币一票制依然存在着一些不足：第一，这种制度可能会滋生严重的"财阀"统治。少数拥有大量通证的用户将主导

DAO 的走向，而广大拥有通证数量较少的用户则会被剥夺发言权。第二，这种制度下用户的投票积极性较低。例如，MakerDAO 的实践经验就表明，持有其治理通证 MKR 最多和最少的那部分人参与投票的积极性都很低——前者通常由于各种事务繁忙，没有时间投票，而后者则因为 DAO 的运作状况和自己利益相关较少，没有激励参与。第三，通证的拥有量和专业能力、治理水平等因素之间并没有直接的关联，因而在这种选票分配制度下，很难保证那些最有利于 DAO 发展的方案成为最终的选项。

基于声誉的票数分配

诺贝尔经济学奖得主埃莉诺·奥斯特罗姆（Elinor Ostrom）曾指出，要实现对一个组织的良好治理，就需要充分调动组织中那些"积极分子"的主动性。基于声誉的选票分配就是对奥斯特罗姆这一理念的应用。

目前，不少 DAO 都推出了声誉机制，那些为 DAO 做出更多贡献的成员就可以获得更高的声誉，并获得更高的投票权（通常也会同时获得更多的通证）。在实践当中，不同 DAO 采用的声誉机制并不相同，其中有两种是较有代表性的。

一种是基于用户在 DAO 当中的活跃程度，或者贡献程度积累声誉。这种声誉机制可以被看作对一人一票制度的修正，通过这种修正，那些在组织中更为活跃的用户就可以获得更高的投票权。很显然，这样的设计是与那些最需要人们活跃参与的项目相适合的，因而它在社交型 DAO 当中比较常见。例如，去中心化论坛

Reddit 的 r/cryptocurrency 社区，就采用了这种声誉机制。

另一种是基于用户在 DAO 中锁仓的时间来分配声誉。这种声誉机制其实是对一币一票制度的修正：对于同样一单位通证，锁仓的时间越长，它可以让用户获得的投票权就越大。容易看出，这种声誉机制适用于那些对资金需求较大的 DAO。比如，Polkadot 生态系统的 DAO，就采用了类似的声誉机制。

可以看到，基于声誉的选票分配机制可以比较好地将投票权分配到那些更乐于对 DAO 做出贡献的人手中，因此可以有效弥补一人一票和一币一票这两种制度的缺陷。当然，这种选票分配制度的缺陷依然是存在的，比如，这种制度先天地有利于 DAO 的老用户，因此可能对 DAO 的成员发展造成一定的阻碍。

代理投票

这种选票分配机制类似于现实中的代议制。在这种制度下，DAO 的用户可以选出自己的代表，让他们代替自己参与 DAO 的各种决策。从理论上讲，通过这种制度，人们可以找到那些更有专业能力、更愿意为 DAO 做出贡献的人来负责 DAO 的治理，因此可以有效克服前面各种选票分配机制的缺陷。不过，和现实中的代议制一样，这种制度在运行中也有很多的不足。比如，很多代表在当选之前都会对自己的选民做出各种承诺，而在当选之后则会背弃自己的承诺；与此同时，很多代表在当选之前，其能力和专业水平并不能得到验证，只有在当选之后，他们才能被证明是否有相关治理能力。所有的这些缺陷都会导致代理投票的低效。

在实践中，为了修正代理投票的缺陷，很多 DAO 都提出了自己的应对方案。其中，Cardano 社区实行的"流动民主"（Liquid Democracy）就是比较有代表性的一种。在这种制度下，DAO 的通证持有者都可以作为选民，选出自己的代表（被称为 dRep），并且将他们的投票权分成大小不同的"股份"，每股可以委托给一个或几个不同的 dRep。所有 dRep 获得的奖励与委派给他们的投票权大小成正比，并且这种授权可以随时授予和撤销。这样一来，DAO 的用户就可以有效地对 dRep 进行问责，而 dRep 也会获得更多的激励来认真执行自己的治理任务。

DAO 的投票规则设计

除了投票权分配外，投票规则的设计对于决策的形成也十分关键。在不少文献中，人们都对 DAO 的决策提出过理想化的畅想：所有人都可以提出自己的方案，然后所有具有投票资格的人都可以直接利用自己手中的选票对这些方案进行投票。最终，当一个方案获得最多选票，或者获得超过一定比例的选票，它就会被选中。

这种简单的投票规则听起来很民主，但事实上存在着很大的缺陷。首先，这种规则会产生严重的"治理规模问题"（The governance scalability problem）。[1] 如果 DAO 的所有成员都可以提出

---

[1] Faqir-Rhazoui, Y., Arroyo, J., and Hassan, S., 2021, A Scalable Voting System: Validation of Holographic Consensus in DAOstack, Hawaii International Conference on System Sciences, DOI: 10.24251/HICSS.2021.676.

各自的方案，那么备选的方案将会非常多。在这种情况下，选民甚至没有足够的精力去了解所有的这些方案，自然也就谈不上理性投票。当备选方案过多时，这种投票方式可能会造成选票的过度分散，最终可能没有一个方案可以通过。其次，这种投票规则难以反映用户对不同决策选项的偏好排序。在上述的简单投票规则之下，人们只能利用自己的选票对给定的选项做单选或多选，却不能表明自己对不同选项的偏爱程度，这可能会让投票的结果难以反映 DAO 群体的真实意志。再次，这种投票制度也很难遏制"财阀"的力量。如果投票权是按照一币一票或其衍生的制度来分配的，则少数用户手中可能会拥有大量选票。这时，投票的结果就只能反映这些人的意志，而那些拥有选票数量较少的用户的诉求则会被完全淹没。

针对以上问题，在实践中，不同的 DAO 都根据自己的具体情况对投票规则进行了设计。下面，我们就介绍其中的一些投票规则。

全息投票

全息投票（Holographic Voting）主要是为了克服"治理规模问题"而设计的。这种投票的要点是，在正式投票发动之前，先让所有用户将应用内的注意力通证作为赌注进行一次预测。用户可以将它们投注到自己认为重要的那些议题上，只有当一个议题获得了足够多的注意力通证，它才会被允许进入正式投票阶段。一旦用户押注的议题进入正式投票阶段并最终获得通过，该用户就可以获得更多的注意力通证,反之其就会失去押注的注意力通证。由于设置了这种押注机制,因此用户在押注的时候,就会倾向于选择那些可能会有更多人关注的议题,而不只是自己关注的议题。① 通过这种方式,原本繁多的议题就可以被大幅精简,人们的注意力也可以更为有效地集中到少数几个议题上,就好像用全息投影技术,将一个复杂的三维图简化为一个简单的二维图。

现在,不少 DAO 都采用了全息投票规则,以 DAOstack 为代表的 DAO 建设工具还提供了全息投票的模板。以 DAOstack 为例,它提供的注意力通证被称为 GEN。在 DAOstack 上运行的 DAO 都可以借助 GEN 来完成全息投票。具体来说,整个全息投票可以分为四个步骤。

- 发起提案:任何满足声誉门槛的用户都可以发起提案。
- 提案增强:GEN 持有者选择他们认为重要的提案进行押注,没有获得足够 GEN 押注的提案将被忽略,不会进入正式投票阶段。
- 投票决策:拥有投票权的群体对提案进行表决。如果提案被通过,押注的用户可以获得对应的 GEN 奖励,反之则将损

---

① 这一点其实就是凯恩斯所说的"选美博弈"。凯恩斯在《就业、利息与货币通论》的第 12 章中曾提出过一个虚构的报纸选美大赛:每人要从 100 张面孔中选出最具吸引力的 6 张面孔,所选结果与最终结果一致的可以获得奖品。最终,人们不会根据自己的偏好来决定选择哪 6 张面孔,而是会考虑普遍观点下最美的 6 张面孔。凯恩斯用这个例子来说明人们在经济活动中的行为往往取决于对其他人行为的猜测,以及对其他人如何猜测自己行为的猜测,而不仅仅是出于自己的偏好。

失 GEN。

- 上链执行：被通过的提案正式生效，并在链上执行。

二次方投票

二次方投票（Quadrac Voting）的思想最早见于心理学家伦西斯·李克特的著作。[①] 后来，波斯纳与韦尔合著的《激进市场》一书对其进行了介绍和深入分析[②]，并由布特林引入"链圈"。相比于简单的投票规则，这种投票规则允许单个投票主体为同一选项重复投票，以表达其意愿的强烈程度，同时可以通过增加对同一选项重复投票的成本来有效遏制"财阀"的力量。

具体来说，二次方投票要求第 $n+1$ 次投票的成本要高于第 n 次投票。例如，为同一选项投 1 票需要消耗 1 张选票，为其投 2 票则要消耗 4 张选票，为其投 3 票则需要消耗 9 张选票……以此类推，为其投 10 票则需要消耗 100 张选票。随着对一个选项重复投票的次数增加，投票的效用仅为已投通证数量的平方根。通过这种设计，拥有更多选票的用户就可以对自己喜爱的选项投更多的票。但这种偏爱的表达是需要高成本的，即使那些拥有特别多选票的"财阀"，也很难负担大量投票的成本。

目前，二次方投票已被广泛用于权利所有者对公共资源进行

[①] Likert, R., 1932, Technique for the Measurement of Attitudes, in. Woodworth, ed., Archives of Philosophy.

[②] Posner, E., and Weyl, E., 2019, Radical Markets. Princeton University Press.

分配的投票，例如以太坊的众筹平台 Gitcoin。借助二次方投票机制，Gitcoin 可以成功地让那些受到更多人支持的项目脱颖而出，从而省去中心化委员会的评估过程，大大提升资金分配的效率。

需要指出的是，二次方投票的有效性强烈依赖严格的身份证明机制。现在，大多数 DAO 都以治理通证为选票的代表，而这些治理通证通常是可以在不同用户之间转换的。这样一来，那些拥有更多选票的用户就可以通过注册"僵尸用户"，将治理通证分散，以获得更多的投票权。如果这一问题不被很好地解决，那么二次方投票的作用将会被大幅削弱。正是因为如此，所以实行二次方投票的 DAO 基本都会有配套的严格的身份验证机制。例如，Gitcoin 就采用绑定社交账号、连接 DID 服务等多元化的方式进行验证。用户每完成一项，即可获得一定数量的积分，积分达到 150 分之后才能完成身份认证并进行投票。

信念投票

信念投票（Conviction voting）是一种动态投票机制，它最早由 Aragon 提出，并被广泛应用于很多区块链项目的 DAO 治理。[①]

在信念投票机制下，投票没有明确的截止日期，用户可以随时对多个正在进行中的提案投票。当用户选择为某一提案投票时，其投票的权重会随着时间的推进而增加。当然，这个增加速度是会不断递减的，并且最终会收敛于一个最大值。用户可以随时将

---

① https：//github.com/1Hive/conviction-voting-cadcad.

已投出的票撤回或者转移到其他提案上，但其在上一个提案中的投票权重不会立即消失，而是会逐渐减少，并且这个减少速度会不断递增。在 Aragon 的术语中，投票的权重被称为"信念"。在实践中，每个提案都会有一个阈值，一旦提案所聚集的"信念"达到阈值，这个提案就会被通过。

相比于简单投票，信念投票具有一些独有的优势。一方面，它可以有效地体现人们对于不同选项的偏好程度。另一方面，一些本身拥有选票较少的用户也可以通过它来扩大自己的决策权重，从而在一定程度上对"财阀"形成遏制。目前，包括 1Hive、Panvala 和 Commons Stack 在内的很多项目都在使用这种投票机制。

怒退投票

怒退（Rage-quit）投票机制最早来源于以太坊的开源治理项目 Moloch，现在被广泛运用于 DAOhaus 等采用 Moloch 框架的 DAO 平台或 DAO 组织。这种投票机制主要被用来限制 DAO 当中拥有大量投票权的"财阀"，保护拥有投票权较少的用户。

从理论上看，少数服从多数的投票都是具有一定"专制"色彩的。例如，当掌握 70% 投票权的用户投票通过一个提案后，就可以完全不顾其他 30% 用户的意见。尤其是在像 Moloch 这样的投资型 DAO 中，这意味着"多数派"可以直接支配"少数派"的财产。怒退机制的发明，就是为了在这样的背景下充分保护"少数派"的利益。

在采用 Moloch 框架的 DAO 中，任意成员都可以在任何时候退出DAO组织，销毁自己的股份，取回自己存在DAO当中的资金。以DAOhaus为例，怒退投票机制采用如下步骤。[1]

- 提交提案：任何人（不限于DAO组织成员）都可以提交提案。
- 赞助提案：拥有投票权的用户可以对提案进行赞助，提案必须获得足够的赞助才能进入投票阶段。通过这一阶段，可以有效过滤掉那些无意义或是不太重要的提案。
- 排队：提案获得的赞助超过阈值之后，进入队列，等待投票。通过排队机制，可以确保提案有序地汇集到投票池中。
- 投票：在截止日期之前，有投票权的用户都可以投票。提案必须获得足够多的赞成票才可以通过。
- 缓冲期：在投票通过之后、执行投票结果之前，有一个7天的缓冲期（Grace Period）。在此期间，对投票结果不满意的股东可以实施"怒退"。
- 执行：提案被标记为完成，并在链上被执行。

由此可见，在怒退机制下，没有用户可以轻易控制其他成员的资金，因此所有DAO成员的合法权益都可以得到保证。

DAO的激励

在DAO当中，激励主要是由通证实现的。当利益相关者执行

---

[1] https://daohaus.club/docs/users/rage-quit/.

了某些 DAO 期待的行动之后，他就可以得到一定数量的通证作为回报。用户可以凭借通证参与 DAO 的治理，或者直接将通证在市场上出售变现。

在现实中，不同的 DAO 根据自己的特点，探索出了很多不同的具体激励措施。其中，以下几种激励措施是比较有代表性的。

增长激励措施

顾名思义，这种激励就是将通证的发放与相关业务的成长对应，当业务成长时，利益相关者就可以收到通证奖励。

举例来说，链上借贷协议 Compound 的治理 DAO 就提出了一个新颖的通证分配方案。根据这个方案，只要用户为协议提供流动性或通过协议产生借贷关系，就会持续收到来自 Compound 的原生通证（COMP）作为奖励。这就让 Compound 的每一个用户都成了直接利益相关者，进而可以鼓励更多用户成为社区积极的贡献者和投票者。

收益耕种

所谓收益耕种，指的是当用户通过借贷、质押或其他形式为协议提供流动性时会获得奖励。从本质上看，这种收益方式类似于股权的回报机制——用户参与了对 DAO 的投资，从而可以获得相应的回报。

举例来说，Compound 的用户可以通过将资产锁定在协议中（将其作为抵押资产，通过协议进行借贷）来赚取治理通证。通过这种方式，Compound 能以 COMP 来激励增长，并创建用户基础，激励用户投票并为协议的社区做贡献，因为收益能够吸引更多用户。

回溯性空投

所谓回溯性空投，是直接将通证发送到用户钱包，建立所有权，或追溯性地奖励现有用户。这种激励方式主要是用来传播影响、树立认知，或者培养用户的忠诚度，在现实中经常被使用。

例如，去中心化的交易协议 Uniswap 就曾发行 UNI 通证，而这一通证被追溯性地授予每个曾用过 Uniswap 协议的人。在这次空投中，一些用户甚至一次性地收到价值上千万美元的 UNI 通证。

很显然，以上三种激励措施在性质上是各不相同的。增长激励主要用于激励那些为 DAO "出力"的用户；收益耕种主要用于激励那些为 DAO "出钱"的用户；而回溯性空投则主要用于增强 DAO 用户的忠诚度。在实践中，每一个 DAO 需要根据自己的目标，以及具体的需要对这些激励措施进行选择。

此外，需要指出的是，在对 DAO 的激励进行设计的时候，还有很多需要注意的方面。例如，如何在经济性激励和非经济性激励之间进行平衡，如何选择行为与激励的间隔时间等，都十分值得思考。其中，还涉及很多经济学、管理学、心理学方面的知识。限于篇幅，这里不再展开论述，感兴趣的读者可以自行参阅相关的文献。

MakerDAO：典型 DAO 的运作举例

稳定币及 MakerDAO 简介

以太坊上的 MakerDAO 是首个获得大规模采用的 DeFi 应用，其功能在于向区块链世界发行一种稳定加密币。

自从中本聪提出比特币的方案后，很多人就试图将加密币推广为货币使用。然而，比特币、以太坊这样的加密币都存在交易效率低、交易时间长、币值波动率大等问题，因而并不适合作为货币使用。以比特币为例，其完成一笔交易需要 1 小时左右的时间。而在这段时间内，比特币的币值可能会发生巨大的波动，最终导致交易无法进行。

为避免因币值波动导致的交易无效率，就需要有一种币值长期稳定的加密币。在过去的实践当中，人们已经提出了两种稳定加密币的方案：第一种是通过算法自动调节供求，以保证币值的稳定，其代表有 AMPL、UST、ESD 等。第二种是通过提供足额的实物资产储备实现，其代表有 USDT，以及脸书曾经计划推出的 Libra 等。然而，实践证明，这两种稳定币方案都存在着很大问题。算法稳定币由于没有抵押物，因此其稳定机制完全处于信念层面，十分难以保证。不久前，UST 的崩盘就说明了这点。而用实物资产储备进行稳定的方案则需要投入过多的实物资产，而大部分项目都难以做到这点。由于信息不对称的存在，很多项目事实上都是在不足额储备之下进行发币的，因此当大的风险来临时，这些项目都难以有效应对。

针对以上两种方案的不足，MakerDAO 给出了另一种解决思路。具体来说，MakerDAO 提供了一种稳定币 Dai，当用户希望使用 Dai 时，他需要先创建一个名为抵押债务头寸（Collateralized Debt Positions，简称 CDP）的智能合约，并在 CDP 内存入一笔价值高于其希望获取的 Dai 价值的加密资产，如 ETH。如果用户不再需要使用 Dai，他可以要求 CDP 偿还借取的 Dai，并支付一定的稳定费（以 MakerDAO 的治理通证 MKR 支付），就可以赎回先前抵押的资产，而对应的 CDP 也将随之关闭。

MakerDAO 主要采用"目标利率反馈机制"（Target Rate Feedback Mechanism，简称 TRFM）来维持 Dai 价值的稳定。如果在一定时间内，抵押资产的价值是不断上升的，那么这段时间的 Dai 也会随之升值，此时为了保持 Dai 的价值稳定，就需要降低目标利率，增加 Dai 的供给；反之如果抵押资产的价值出现了下降，Dai 也会随之贬值，则需要提高目标利率，减少 Dai 的供给。如果抵押资产的下降超过一定的临界值，为防止 CDP 中的抵押资产不足以支撑对应的 Dai 的价值，智能合约会立即关闭风险过高的 CDP，拍卖掉抵押在其中的资产，并买回足够的 Dai。

值得注意的是，在一些"黑天鹅"的情况下，抵押资产的价值会出现急速下降，此时系统可能还来不及进行清算，抵押物的价值就已经难以支撑 Dai 的价值。为了防止这种情况的出现，MakerDAO 就引入了治理通证 MKR。用户可以通过存入加密资产（如 ETH）的方法获得 MKR。当"黑天鹅"事件出现，CDP 中的抵押资产不足以支撑 Dai 的价值时，MKR 持有人存入的这些资产就会被用来保证 Dai 的价值。为了弥补 MKR 持有人所承担的风险，MakerDAO 会对他们支付少量的利息，并让他们获得参与 MakerDAO 治理的权力。此外，MKR 的拥有者还会选出一组"全局清算者"。当 Dai 受到意外攻击时，他们将有权启动全局清算，作为稳定 Dai 价值的最后一道防线。

MakerDAO 的治理

在 MakerDAO 的运作过程中，还有许多问题需要解决。例如，"目标利率反馈机制"中的利率应该有多高，抵押比率应该有多大，以及这些参数在什么时候应该调整、是否需要增加预言机等，都需要及时决定。为了解决这些问题，MakerDAO 建立了一整套完整的机制。

在治理框架上，MakerDAO 也采用了链上链下相结合的结构。具体来看，一个提案一般会经过链下提案发起及投票、链上民意投票、执行投票（二次投票）三个阶段。

- 链下提案发起及投票：论坛成员（无论是否持有 MKR）提出基础提案，通过论坛投票，被关注足够多的议案将被 MakerDAO 选出的临时风险团队发布上链。

- 链上民意投票（Polling Votes）：治理池（Governance Pool）将通过智能合约被创建。持有 MKR 的用户将锁定通证投票，一币一票，一般为期 3 天。

起初，MakerDAO 在民意投票阶段主要采用复数投票（plurality voting）的方式，用户可以在多个选项中进行单选，得票最高的选项将会胜出。在 2020 年年末，MakerDAO 引入了即时决胜投票（instant run-off voting），用户可以在投票的过程中对多个选项进行优先级排序，最后根据末位淘汰制选出获胜提案。

• 执行投票（Executive Voting）：在提案投票完成后，还需要进行一轮投票来确定时间。执行投票是一个二元投票过程，只包含获胜和维持不变（不执行）两个选项。用户可以对这两个选项进行投票，并确定最终的执行时间。

此外，MakerDAO 还包括一个治理安全模块（Governance Security Module，简称 GSM）用以反对恶意提案攻击。在执行投票通过后，会经历一个缓冲期，如果投票者启动 GSM，则执行会被推迟到最多 24 小时以后激活，其间可使用紧急关停等模块对攻击进行阻拦。

应该说，MakerDAO 的治理方案是相对标准、完善且可以兼顾效率的。从执行效果来看，MakerDAO 的表现也很不错。例如，在前不久因 UST 崩盘引起的"币圈"震荡中，MakerDAO 让 Dai 的价值始终保持在一个比较稳定的水平，而其治理通证 MKR 甚至还出现了较大幅度的上涨。

DAO 的问题和不足

作为 Web 3.0 时代的全新组织和治理形式，DAO 已经表现出了巨大的潜力。目前，DAO 已在协议治理、投融资、社交等众多场景得到了应用，并且在实践中不断进化、演进。不过，我们也需要看到，DAO 作为一个新事物，依然存在很多问题和不足。

首先，DAO 的技术——区块链依然有待完善。现在的 DAO 是建立在区块链的智能合约基础上的，因而区块链的性能及成本将严重限制成员的参与度和可执行任务的复杂度。从目前来看，区块链的运作需要的算力十分庞大，这就决定了目前的 DAO 可以执行的任务还比较简单，这和理想中的水平还有很大差距。

其次，DAO 的应用前景还比较单一，生态的繁荣程度还相当不足。尽管从理论上看 DAO 的应用范围非常宽广，但在实践中，它的应用还是更多集中在 DeFi 等比较狭窄的领域，而更贴近生活的场景还有待探索。

最后，DAO 的法律风险还比较大。到现在为止，DAO 的性质在法律上还很难被定位，其权利、义务都没有得到明确规定。诸如"通过 DAO 来进行投资是否合法""DAO 是否需要纳税、如何纳税"等问题都有待回答。此外，DAO 主要是通过通证激励其成员的，而通证在法律上的定位也比较模糊。这些都可能会给 DAO 的运作埋下法律方面的隐患。

第五章

DeFi：Web 3.0时代的金融变革

郑磊　萨摩耶云科技集团首席经济学家

金融行业在新技术的加持下，始终在加速发展。从建立在最初互联网上的电子银行应用，到正在转变传统金融服务手段的基于 Web 2.0 的金融科技技术，现在，Web 3.0 也悄然向我们走来。区块链 2.0 提供了智能合约技术，大量的去中心化金融应用投入试验运营。

金融创新和防范系统性金融风险是金融行业的两大课题。可以预见的是，随着 Web 3.0 基础架构的搭建和完善，去中心化金融必将成为数字金融中异军突起的领域。新技术应致力于提高金融服务的范围、质量和效率，降低成本，让金融资源能够更好地服务社会。

然而，区块链技术带来的一些风险和隐患也逐渐变得明显，本章将介绍其中一些典型的金融应用场景和商业模式，对去中心化金融的风险防范和监管进行初步讨论，为在中国强监管环境下

---

* 本章基于郑磊的《去中心化金融与数字金融的创新与监管》（《财经问题研究》，2022 年第 4 期）和公开资料编写，感谢萨摩耶云科技集团创始人、董事长林建明，萨摩耶云科技集团总裁李尧的支持。

如何稳妥推进这一金融创新提供建议。

DeFi 的发展

DeFi（Decentralized Finance）是一类去中心化的金融服务，一般是指基于智能合约平台构建的加密数字资产、金融类智能合约（协议）。DeFi 是区块链 2.0 技术（以太坊为主）在金融行业的典型应用，目前已经初具规模。DeFi 服务由运行在区块链上的智能合约自动执行，代码和交易数据可供调阅和审查，在一定程度上可以避免传统金融服务中由于人为失误导致的低效或风险。

DeFi 应用是一个开放、可组合的五层架构，每个人都可在其基础上搭建、改动或将其他部分组合起来，形成复杂的金融产品或服务。目前，DeFi 实现的主要金融应用包括开放借贷、去中心化交易所、去中心化自治组织、聚合收益理财、稳定币、NFT 等。一些 DeFi 项目作为 ICO 项目在 2017 年出现，例如 Aave、Bancor 等。2019 年，DeFi 锁仓总值曾突破 1.5 亿美元。目前正在运行的 DeFi 项目近百个，锁定资产较大（100 万美元以上）的项目包括 MakerDAO、Synthetix、Compound、Uniswap、Bancor、WBTC、Kyber、bZx 等。Uniswap 每天有超过 10 亿美元的交易额，Aave、Compound 和 BondAppetit 等去中心化借贷服务的市场规模高达数百亿美元。2020 年区块链加密币市场也受到了新冠肺炎疫情的冲击，2020 年 9 月开始，DeFi 使用的一些主要区块链加密币迅速贬值，DeFi 市场在 11 月初触底时，一些 DeFi 协议已下跌了 70%～90%。此后，DeFi 市场开始反弹，近期 DeFi 总锁仓价值在900亿~1000亿美元区间波动。

在一些欧美国家，DeFi 正在成为与传统金融并存的平行体系，应用场景不断扩大。DeFi Pulse 网站上由项目方自愿上传的项目类别有18类（见图5.1），这些是类似传统银行、证券交易所的 DeFi 项目。还有一些项目利用新技术，可以提供传统金融无法提供的功能。例如可以通过资金池实现快速交易，借贷利率可以即时调整，没有固定的借贷期限，借贷者可随时进出市场等。此外，DeFi 有许多特点是传统金融不具备的，如没有中间环节，协议自动执行，借贷双方因此提高了收益、降低了成本。DeFi 最大的优势是金融服务可以实现全覆盖，只要能够上网，通过去中心化钱包 App 就可获得服务，消除了传统金融服务机构限于成本收益无法平衡而出现的服务地域和客群的盲区。由于以太坊是一个公开的区块链平台，建立在上面的金融服务具有传统金融无法企及的透明度。

图 5.1　现有 DeFi 应用分类和比例

注：图中数据为四舍五入值。
资料来源：DeFi Pulse。

然而，DeFi 并不是一个可以在传统金融体系之外完全独立运行的系统，也无法完全避开一些传统金融采用的信用风险控制方法，如用 DeFi 借贷仍需要超额抵押才能进行。智能合约有很多基本金融场景还无法处理，如债务偿付或不完全契约，需要监控 DeFi 的运行风险。有些传统金融可以做的业务，如无抵押贷款和按揭贷款等，DeFi 还无法实施。

DeFi 目前还处在初级发展阶段，其规模不及传统金融的零头。DeFi 一方面存在参与者不够多或不够积极的情况，另一方面也需要扩容。DeFi 推高了对以太坊区块空间的需求，造成用户支付的手续费大幅上升，可能会失去交易成本低的优势。

DeFi 的安全性与风险

DeFi 是建立在区块链上的金融生态系统，以去中心化的方式开发和运营，其目标是在透明和去信任化的区块链网络上提供所有类型的金融服务，因而无法克服区块链技术本身存在的问题。目前还没有一个区块链系统能同时具有去中心化、准确性和成本效率的特征，为了确保前两个特征，就会出现成本高、效率低和系统不稳定等问题。也有学者从另一个角度提出区块链扩展性"三难"，即区块链系统很难在基础层同时做到去中心化、可扩展性和安全性（见图 5.2）。

现在大部分区块链应用选择了更高的去中心化和安全性，而不得不牺牲可扩展性。作为一个可靠的金融系统，首先，要达到

```
        安全性
         /\
        /  \
       /    \
      /      \
     /_____\
  去中心化    可扩展性
```

图 5.2　区块链扩展性"三难"

高安全性。其次，要想让 DeFi 实现更多的金融业务，服务更多的用户，需要较高的可扩展性。这就不得不降低去中心化程度，以提高安全性和可扩展性。

　　DeFi 带有鲜明、强烈的价值主张，每个人拥有完全的隐私权，服务过程透明，消除各个环节的黑箱，一切交易上链可查、可监督，这些理念具有积极意义。但是 DeFi 主张任何金融都对所有人平等开放，主张任何人都可以自由创建金融服务，自由发行和交易金融资产，这两个主张有待商榷。从金融行业实践和基本的监管要求来看，这是不现实、不审慎的。例如一些高风险产品，参与者必须具备一定的资质，设定门槛条件是对客户提供的保护性措施，是金融业必须承担的一部分社会责任，也是为了防范影响较广的金融风险，降低财富损失。有一些金融服务对客户必须进行尽职调查，以防范洗钱或资助恐怖分子等不法行为。另外，几乎在所有国家，金融业都属于特殊监管行业，提供金融服务必须具备一些基本条件，有些业务是被严格管控的，比如发行货币。而在中国，资本项目还未开放，跨境资金流动受法律限制和保护。一般来说，随着金融深化和开放，准入限制会减少，但是监管永远存在，在实践中不可能存在允许任何人自由创建金融服务和发行金融资产的做法。这也是国际共识和惯例。

我们从 DeFi 具有的各层结构看，最底层是由区块链及其原生协议资产（如比特币和以太坊）组成的结算层；在此之上是由所发行的资产组成的资产层，包括原生协议资产以及在此区块链上所发行的任何其他资产；第三层是协议层，定义了应用场景。在这三个层面，主要风险来自区块链技术本身的不足。再往上是应用层和聚合层，用来创建应用程序和平台，可以连接多个应用程序和协议。DeFi 并非没有金融风险，它在稳定性和可预测性方面甚至不如传统金融。DeFi 的常见金融风险包括以下几个方面。

技术风险

对于新技术来说，系统设计风险难以避免。金融网络化、移动化、数字化增加了业务复杂性、兼容性，潜在的安全漏洞引发了日趋严重的网络攻击、非法侵入活动。大量 DeFi 智能合约运作时间不长，如 Balancer，一个简单的漏洞就可让违法分子获得超过 50% 的收益。2016 年 DAO 受到黑客攻击，损失了价值 7 200 万美元的以太坊币。Yam 协议经过 10 天开发就仓促上线，很快吸引了大量流动性，锁定了 5 亿美元，仅仅一天的时间就被黑客发现了一个严重漏洞，增发了 8 倍代币，导致其价格暴跌。还有人利用产品设计的差异，使用多种 DeFi 产品套取大量财富。利用高科技手段攻击 DeFi 金融系统要比攻击传统金融系统更容易，有些技术人员掌握超级权限，可能会擅自改变系统参数设置或智能合约。

智能合约中的激励机制在市场极端变化的情况下可能失效，造成恶性循环，这些是 DeFi 金融风险的重要特点。

流动性风险

市场流动性不均造成波动，容易引发流动性问题。资金在一些 DeFi 项目之间快速流动，增大了流动性风险。如 YFI 代币通过流动性挖矿来分配，吸引并锁定了价值超过 6 亿美元的资金流入。每个 YFI 代币的价格在首次上线时约为 6 美元，不到 2 个月后价格就超过了 3 万美元。SushiSwap 引入"吸血鬼攻击"的新概念，能够吸引多达 10 亿美元的流动性。而 Uniswap 在 4 个流动性池启动挖矿项目，又从 SushiSwap 抢走了大量资金，吸引了逾 20 亿美元的流动性。Uniswap 月营业额在半年时间里从 1.69 亿美元上升到 150 亿美元，增长了近 100 倍；锁定的 DeFi 总价值从 8 亿美元上升到 100 亿美元，增长超过 10 倍。区块链加密币市场波动已经是一种"正常现象"，DeFi 也不例外。一些底层网络代币的价格动态会呈现自反性，用于抵押的加密数字资产容易受到市场波动的影响，债务头寸在市场波动中经常出现抵押不足，需要补仓或被清算，导致用户遭受巨额损失。如果区块链加密币的中心化交易所被政府取缔或关闭，也会引发流动性和需求减少，导致市场陷入抵押资产减值和流动性枯竭的恶性循环。

操作风险

尽管 DeFi 在推动让所有人可以自由平等地参与提供和获得金

融服务，但是参与的门槛并不低。DeFi 主要依赖代码和智能合约进行自动操作，需要使用者了解各种智能合约的设计原理和交易方法。各种新型合约不断出现，而 DeFi 的开放性决定了它并不对合约开发进行审查和安全审计，因此就会出现很多操作不当造成的经济损失。2019 年，Synthetix 的一个喂价渠道上传了错误的韩元价格，报价比真实汇率高出 1 000 倍，一个交易机器人因此获得超过 10 亿美元的利润。去中心化的金融体系要求用户承担更多责任，比如，作为资产的真正拥有者，他们必须确保以安全的方式存储资产，而大多数用户没有加密钱包的使用经验。除此之外，还需要用户具有一定的资产管理能力和经验。对于一般用户来说，理解和掌握所有这些操作的难度并不比传统金融的高风险金融衍生品低。

市场风险

DeFi 多以以太坊、比特币等区块链加密币为基础，这些数字资产的价格变化远比传统金融资产更剧烈。DeFi 的项目可能会面临黑天鹅事件，如加密资产的价格在短时间内快速下跌，导致来不及清算就发生市场崩溃。例如，2020 年 3 月 12 日，由于人们对全球新冠肺炎病毒肆虐的担忧，以太坊的价格在不到 24 小时内下跌超过 30%。受此事件影响最大的协议之一是 Maker，由用户抵押的以太坊贬值引发的清算潮造成了约 400 万美元的缺口。

监管风险

上述风险分析已经充分说明 DeFi 属于高风险领域，这不仅凸显了在传统金融上表现较不明显的技术风险，而且在流动性风险、市场风险、操作风险等方面种类繁多，DeFi 的处理速度比传统金融更快，各种违法者利用掌握的技术优势很容易给普通用户造成重大损失。暴涨暴跌、剽窃代码、圈钱跑路等情况屡次发生，DeFi 总锁仓资产价值经常出现突然暴跌。而且，由于无法在 DeFi 协议中强制执行 KYC 或 AML 规则，暗网交易、洗钱、资助恐怖分子、非法转移资产等活动更为猖獗。DeFi 对金融监管提出了新的更高要求。

传统金融存在的其他一些风险因素，同样也体现在 DeFi 之中。DeFi 并没有因为区块链的去信任设计而能够完全避免信用风险，一些外部信息在 DeFi 中无法分辨真伪。如价格预言机需要外部信息输入，而这类信息很容易被操纵；DeFi 中债权方因还款地址无法履行还款义务而产生损失的可能性，只能依靠超额资产抵押来应对。运营风险也是存在的，比如 Pasta、Spaghetti、Kimchi、HotDog 等项目，在吸引了大量关注的一两天后就失败了。这些失败无疑也增加了项目方和用户的法律和信誉风险。

DeFi 的典型商业模式与风险

目前，很多 DeFi 应用已经成功探索出一些基础运行模式，我们对其中部分普及度较高的模式进行了简要分析，发现其金融风险种类比传统金融更多，在智能合约代码安全、治理风险、流动性、操作、信用、监管等方面都存在风险点。

去中心化银行 MakerDAO

Maker 协议是以太坊区块链上最大的去中心化应用之一，还是首个获得大规模采用的去中心化的金融应用。Maker 协议借由其治理型代币的持有者执行投票与治理管理，确保该协议的稳定性、透明度和高效性。基于这个协议开发的去中心化的金融应用 MakerDAO，是一个去中心化的银行，其通过智能合约来托管资金，可以发行自己的稳定币 Dai。

Dai 是一个 ERC-20 代币，与美元按 1∶1 的比例兑换。理论上任何人都可以做 Dai 的发行人，发行人基于自己提供的区块链加密币抵押资产价值，按照 MakerDAO 规则创设一个智能合约并因此获得一定数量的 Dai 作为借款。贷款偿还时，发行人将 Dai 和稳定费发送到该智能合约，拿回抵押资产。由该合约发行的 Dai 也退出流通。

Maker 治理流程包括由持有者提议投票和执行投票。提议投票的目的是在执行投票之前，先在社区内形成一个大致共识。执行投票是批准/驳回对系统状态的更改。例如，投票决定新引入担保物的风险参数，对每一种抵押资产金库进行风险预测，决定风险参数。金库的主要风险参数包括债务上限、稳定费、清算比例、清算罚金、担保物拍卖期、竞拍期等。

MakerDAO 的加密币抵押资产种类大幅扩容，很多加密币的波动性远比以太坊更高，持有人确定各种抵押资产风险参数的难度增加，已经远远超出了他们的能力范围，而且由于所有抵押的数字资产混合在一起，内含无法估算的金融风险。为了保持与美元的锚定，需要设定目标利率来调节市场上 Dai 的供需。实际上，Dai 的利率波动远比传统金融市场大，从 2018 年年末的 0.5%（年利率）左右，在不到半年时间里上升到 20%，然后又跌回 5% 左右。MakerDAO 的一个缺陷是其低效的清算模型对黑天鹅事件几乎没有抵抗力，另一个缺陷是超高的抵押率降低了用户资金的使用率。而且在治理上也无法避免中心化的弊病，持有人的投票参与度很低，例如在 2019 年 10 月举行的决定 Dai 利率是从 12% 提升到 13.5% 还是降到 5.5% 的投票中，本来只有 2 400 多张票，结果有一个持有人投了 4 万多张票。如果这类决策出现失误，将直接影响整个市场。

去中心化借贷平台 Compound

Compound 是一种去中心化协议，由罗伯特·莱什纳（Robert Leshner）等人创立，并于 2018 年 9 月在主网上推出。它基于每个货币市场的供需用算法设定利率，允许用户无摩擦地交换以太坊资产的时间价值，使供需双方受益。类似一些国家的储贷银行，Compound 是一个去中心化储贷银行。Compound 通过算法来设定利率，允许用户向数字加密币市场提供加密数字资产以赚取利息，或者借入加密数字资产。只要用户持有代币 cToken，产生的利息

（等于借款利率乘以利用率）就可以兑换更多的底层数字资产。例如，用户可以向 Compound 协议提供他们拥有的 Augur 币，获得以 Augur 计值的利息。

Compound 允许用户用 cToken 作为抵押物从 Compound 借款。但用户需要超额抵押才能获得借款能力，如果未偿还贷款的价值超过其借款能力，则一定比例的未偿还贷款会以优于市场的价格被自动清算，其他用户可以代偿并获取该账户相应的抵押品。这个设计用来激励套利者介入以缩小贷款风险敞口。

Compound 协议采用了一个利率模型，利率随着需求的增加而增加；当需求低的时候，利率应降低，其中会根据每个货币市场的利用率决定利率的浮动：

利用率＝借出资产/（贷方资产＋借出资产）

需求曲线通过治理进行编码，用利用率表示，例如：

借款利率＝2.5%＋利用率×20%

贷方赚取的利息是隐性的，等于借款利率乘以利用率，贷方把代币资产提供给 Compound，换取 cToken，获取利息，利息的计算方式是按以太坊出块时间每 15 秒计一次，并采用复利计算。

Compound 的信贷功能蕴含流动性风险，任何环节出现问题都可能会引发挤兑。理论上，加密数字资产供应方可以随时自由提取本金和利息。然而该合约的激励算法未必总能保证足够的流动性。尽管聚合了每个用户的同质化数字资产能提供比传统贷款大得多的流动性，但在对某项资产需求极度旺盛时期，流动性将快速下降。如果数字资产供应方此时对流动性感到担忧，就有可能试图提取超过平台上可用资金的数字资产，导致挤兑。即便在没有出现供应方抽走资金的情况下，如果平台上发生连续大额贷款，也可能会造成流动性不足，如 Compound 在 2019 年 7 月发生了 4 次这种流动性不足事件，说明由智能合约自动管理的流动性，其稳定性和可靠性要比传统金融差。Compound 也发生过操作风险事件。其流动性挖矿凭借低风险、高收益的特点受到了用户追捧，各种问题也不断显露。DeFi 挖矿门槛高且过程复杂，不少没经验的用户都出现过转错地址、买错币等情况。

去中心化的非托管货币市场 Aave

2017 年 11 月推出的借贷平台 ETHLend，在 2018 年 9 月更名为 Aave（芬兰语，意思是"幽灵"）。2020 年 1 月在以太坊主网上启动，总部位于伦敦，由斯坦尼·库莱霍夫（Stani Kulechov）创立，Aave 的旗舰产品之一是"闪电贷"（Flash Loan），它被称为 DeFi 领域的第一个无抵押贷款选项（见图 5.3）。Aave 协议采用 DAO 治理模型，由 Aave 持有者通过投票和安全模块的方式来安全地管理和开发平台。Aave 通证持有人负责对平台的变更提出建议并进行投票，从而共同管理 Aave 货币市场中的风险和回报方式。

闪电贷是传统金融中没有的，是去中心化金融的一种突破性创新。闪电贷无须任何抵押物，即可轻松获得大量借款，进入门槛大幅降低，只要在一个交易块内将资金返还给资金池，并支付 0.09% 的费用，借款人就可以以超额抵押或低额抵押（单笔闪电贷）的方式，通过 Aave 从资金池中借出数字加密币 aToken。借款人可以自行选择在固定利率和浮动利率之间切换，以获得最佳的贷款利率。该协议还包括价格预言机，用来提供贷款（恒定或变动）利率信息，以及资产自动清算程序和集成应用程序。Aave 是 Compound 的主要竞争对手，Aave 的英国实体商业于 2020 年 7 月 7 日获得由英国金融行为监管局（FCA）批准的电子货币机构牌照（EMI），其发展速度惊人，只用了一年多时间，总锁仓价值就增加到 50 亿美元以上。

图 5.3 闪电贷的一种使用案例

对于贷款头寸的安全性，Aave 要计算贷款健康度和资产流动性，超过阈值则启动清算程序。Aave 升级到 V2 版之后，开始提供批量闪电贷、闪电贷清算和信用委托服务。Aave 的闪电贷主要是为懂技术的用户降低参与的门槛，这一点似乎有违 DeFi 倡导的用户在所有金融服务方面具有平等地位的原则。闪电贷允许用闪电贷借出资金而不是用自有资金进行清算，这大大降低了清算的门槛，也提高了系统出现坏账和系统性风险的可能性。信贷委托可以让具有信贷资格的用户出售自己的信贷额度以赚取收益。将数字资产存入资产池的用户需和信贷委托人签署一份信贷委托协议，确定转让给信贷委托人的额度、利率等，最后由信贷委托人承担还款付息。经过这个信贷额度转手过程，最终借款人实际支付的资金借贷成本会相当高，似乎也不符合通过DeFi降低成本的初衷。如果发生信托人卷款逃跑事件，则需借助线下的法律支持追回款项。

Aave的浮动贷款利率随使用率不断变化，而一些热门数字资产，如USDT和SUSD有时会超过95%，资本会变得稀缺，此时市场流动性风险非常大。Aave在版本升级的过程中，曾出现过一个无法通过代码形式化检查发现的漏洞，凸显了技术性风险，尤其是DeFi可组合性隐藏的潜在风险。懂技术的人可以通过这个漏洞破坏逻辑合约，阻止代理执行借贷池代码。例如，如果代理委托调用了一个已被破坏的借贷池逻辑合约，则代理将返回成功而不会执行任何代码。此时用户可能已经销毁了他们手中的aToken，会因无法收回抵押的底层资产而遭受损失。

去中心化交易所Uniswap

Uniswap开创了自动化做市商（Automated Market Maker，简称AMM）协议，创办人海登·亚当斯（Hayden Adams）于2018年11月在以太坊主网上启动协议的第一个版本Uniswap V1。这是一个基于以太坊的自动代币交易协议，是一个提供流动性和自动创建市场的去中心化平台，其目标是更易使用、限制审查和无手续费。

Uniswap 将用户的资金汇总到一个资金池中。Uniswap 智能合约持有各种代币（目前支持 150 种左右）的流动性准备金，用户会直接跟这些准备金进行交易，而不需要其他对手盘。Uniswap 支持的币种间可以实现兑换交易，方便快捷，价格由恒定产品做市商机制自动设定。"无须许可"系统（Permissionless Systems）是 Uniswap 的一个主要特点，不像传统的金融服务通常会根据地理位置、财富状况和年龄来限制访问，它完全开放供公众使用，任何人都可以随意交换、提供流动性或创建新市场。

Uniswap 采用自动流动性协议激励交易者成为流动性提供商。流动性提供商向系统提供资金，获得一定数量的代币和一定份额的交易费。代币的价格用数学公式算出。只要资金池中有足够的流动性，用户就可以进行即时交易。资金池的大小决定了交易过程中代币价格的变化幅度。用户在 Uniswap 上的交易手续费会自动存储在流动性储备金中，当流动性提供商决定退出资金池时，就会收到与他们提供的流动性份额对等的手续费。

方便进行套利交易是用户参与 Uniswap 的另一个重要原因。这些交易者专门寻找多个交易所的价差，如果这个价差超出了手续费的一定数额，套利者会和 Uniswap 进行交易。这意味着 Uniswap 可以被当作一个预期价格。但是其 V1 版容易被操纵，因此 V2 版改进了价格预言功能。

Uniswap 允许用户在没有中介的情况下进行交易，具有高度的分散性和抗审查性。Uniswap 的开放性引发了大量欺诈项目，给用户造成了损失。如 2020 年 7 月，有用户将 450 美元左右的 2 个 WETH 代币兑换成 13 504 个假 Uniswap 平台币，使其他用户遭受了巨大损失。与小额订单相比，大额订单的交易滑点更大，容易导致交易失败。Uniswap 也存在少数项目交易额过于集中和流动性风险的问题，导致平台的总交易金额受到较大负面影响，放大了经营风险。Uniswap 允许交易的数字资产中，有些存在技术缺陷，有可能造成资金被盗或无法使用。

聚合收益理财 Harvest Finance

DeFi 收益聚合器要做的就是通过动态分配各种 DeFi 协议的流动性来优化收益。它可自动将 DeFi 生态系统中提供的流动性分配到不同的资金池中，因此可将其视为一种自动化的收益耕种协议，该协议通过探索市场获得最高的回报机会，并为这些机会对接资金。Harvest Finance 是构建在 ETH 上的收益聚合器，本质上是通过其策略将用户资金投入协议层（如 Compound、Maker、Aave 等），获取最大化收益。Harvest Finance 由匿名团队开发，通过连接项目协议跨平台进行自动化投资和套利，即以一定的策略将各种 DeFi 协议的流动性动态分配给不同的协议资产池以优化收益，获取最高收益（曾达到291%~599%），同时也降低了高收益项目的搜寻成本。该协议上线一个月，锁仓量就从 1.51 亿美元上升到 10.8 亿美元，上涨了 7.15 倍。

参与者通过提供数字资产获得平台代币 FARM，持有代币可以定期分红。代币的价值依靠平台管理的资产规模支撑，资产规模越大则平台通过流动性挖矿产生的现金流越多，代币的价值越高。代币持有者从平台收入中获得一部分利润分成。这类平台必须保持较高的盈利能力才能争取到客户投入数字资产。因为其代码是开源的，所以其策略很容易被对手模仿甚至超越，竞争非常激烈。一旦盈利能力下降，用户离开，就会形成恶性循环。

Harvest Finance 将稳定币兑换成 Fasset 的时候，也带入了相关基础资产的兑换率。有一些事件会对这种兑换率产生负面影响。例如，DeFi 协议 Uniswap、Curve Finance 和 Harvest Finance 之间的套利交易有个漏洞。2020 年 10 月，一位攻击者用"闪电贷"操纵平台上的稳定币。攻击者反复利用 USDC 和 USDT 的浮亏、浮盈操纵 Curve.fi 资产池的流动性，从 Uniswap 获得了价值 5 000 万美元的 USDC 闪电贷款，然后开始在 USDC 和 USDT 之间交换，导致这两种代币的价格剧烈波动。fUSDC 和 fUSDT 的价格分别下降 13.8% 和 13.7%，损失约 3 380 万美元。整个端对端的攻击过程持续了 7 分钟，盗走了 2 400 万美元资金，尽管事后追回了部分资金，但 Harvest Finance 用户的损失仍超过 2 000 万美元。Harvest Finance 平台代币一小时内暴跌 70% 以上，锁仓价值在 24 小时内下跌了 46.42%，有投资者声称损失了 15%。这个风险事件是由一个平台的技术漏洞引发，然后在多个平台之间发生，持续时间很短，攻击漏洞的行为在所有参与交易的平台上都没有被截获或阻止。幸运的是，这些平台加在一起的规模都不算太大，因此影响的范围有限。

稳定币

稳定币是一大类数字资产,以美元、欧元等一些法定货币作为发行储备,与相应法定货币保持着稳定的兑换比率,通常称作法定资产抵押型稳定币。还有一类稳定币是基于加密资产而不是法定货币,由智能合约自动发行,称作加密资产抵押型稳定币。其货币政策是由社区投票决定的。MakerDAO 就是这样一种模式。人们可以用稳定币交换其他数字资产,在全球范围进行低费用的快速转移,也可以借给其他 DeFi 协议以赚取投资收益。由于大多数加密币相对于法定货币的价格波动很大,稳定币不仅与其他数字加密币兼容,还解决了相对法币的价值波动问题,因此被视为数字资产市场中的避险资产。

很多稳定币的发行人不是银行,而是一般机构,但它们需要拥有一定数量的法定货币储备,按比例发行通证。典型例子是 Tether 公司发行的与美元 1∶1 挂钩的稳定币 USDT,其对应的美元存储在中国香港 Tether 公司。该稳定币的局限是中心化、不透明。市场对 USDT 透明度不高、储备不足、操纵市场和缺乏监管的质疑从未停止。Tether 公司从未公开准备金账户的审计结果,其稳定币的基础也在发生变化,从美元抵押逐渐变成比特币抵押。在被司法调查之后,该公司承认稳定币发行储备不足额,实际只有 74% 的储备金,其中包括美元以外的其他资产,如比特币。该公司的另一个业务是收取客户抵押的比特币,向客户发放 USDT 贷款。严格来说,在未经审计监管的情况下,发行比特币稳定币和进行比特币抵押的稳定币贷款是有利益冲突的金融业务，业务违规风险很高。

稳定币的主要优势在于为去中心化的加密货币交易提供媒介，然而发行人需要通过银行持有法定货币储备，所以稳定币是高度中心化的，而且没有受到和法币发钞机构同等的监管。尽管USDT受到广泛质疑，但是由于其早已借助网络效应形成先发优势，因此仍占据稳定币市场的主要份额。除了金融交易中的使用外，稳定币还可以被投资者用来对冲投资组合。理论上这样做可以有效降低整体风险。然而，USDT使用比特币作为储备资产削弱了其价值稳定性。对于加密资产抵押型和无抵押稳定币来说，用户只能依赖社区和源代码来确保系统的稳定性。

非同质化通证（NFT）

NFT，即非同质化通证，具有不可分割、不可替代、独一无二的特性。NFT可以将数字资产、游戏装备、艺术作品、土地产权等，或任意数字内容在区块链上映射为可交易的数字产品，实现虚拟物品的资产化和价值流转。NFT的创建与发行主要采用ERC721和ERC1155协议，是在以太坊区块链发行和交易非同质加密数字资产的标准。

一般来说，NFT具有以下特性。

- 唯一性。非同质化通证的特征之一即它们是独特的，这可以在区块链上验证。
- 持久性。NFT的信息和数据存储在通证中。这些信息可以包括消息、图像、音乐、签名或任何其他数据。

- 可编程。NFT 只是区块链上的一段代码。这意味着它可以被设定为具有各种特性。迄今为止，NFT 最有用的特性之一是版税可以编程（或内置）到通证中。这意味着艺术家可以从他们作品的所有二手销售中获得版税。

- 免许可。如果 NFT 存在于免许可的区块链上，比如以太坊（并不是所有的 NFT 都在以太坊上），那么它们可以以多种方式使用。例如，Sorare（一种体育交易卡牌游戏）有第三方游戏（不是 Sorare 团队创建的），可以使用 Sorare 交易卡牌。

- 数字所有权。使用钱包就可以拥有并控制 NFT。像域名 Google.com 这样的数字资产实际上并不属于谷歌（尽管谷歌拥有控制这些资产的权利），而是由 GoDaddy 或 Verisign 等中间商拥有。

应用于数字藏品的 NFT 标准，在应用于金融产品时显得灵活性不足，Solv Protocol 创设了金融 NFT 标准 vNFT，可以自定义表达多种金融价值。vNFT 支持数量描述，可拆分、合并和部分转让，vNFT 还在协议层增加了底层资产描述能力，任何支持 ERC721 的协议都能够处理 vNFT。用 vNFT 可以将 Uniswap 的平台币做成 NFT，可以用来描述更复杂的金融契约，形成非匀质化的资产池，为用户提供更丰富多样的风险和收益配置选择。例如，传统艺术品和收藏品领域，可以在 NFT 上置入资产，并发行代表这些资产所有权的股份。NIFTEX 可以让 NFT 所有者把 NFT 存入智能合约，然后发行代表该资产的"分片"，可以通过获取所有

"分片"或买断条款赎回 NFT，也可以用几种数字资产铸造一个代表多元化一篮子分散资产的 NFT。

NFT 被视为除 STO 之外最重要的数字资产，可以用前面介绍的各种 DeFi 协议在单个交易中链接多个代币和流动性池，实现 NFT 跨种类的交易。但是，一个问题是 NFT 只是丰富了数字资产的种类，衍生出更多投资机会，并没有解决 DeFi 协议本身存在的问题。而且由于复杂性增加，因此又引入了更多风险因素。另一个问题是 NFT 市场深度不够带来的投机，NFT 的价格波动和其他加密数字资产同样不可控。

自动做市商 AMM

自动做市商 AMM 是去中心化金融的一种主要商业模式，Uniswap 是个特例。它们通过使用流动性池，而不是传统的买卖订单簿，允许数字资产以一种无须许可和自动的方式进行交易。AMM 用户为流动性池提供加密数字资产，其价格由一个恒定的数学公式决定。流动性池允许用户以完全去中心化和非托管的方式在链上进行无缝交换。流动性提供者根据对资金池的贡献百分比，可以获得相应的交易费收入。

恒定函数做市商是最受欢迎的一类 AMM。目前有三种恒定函数做市商。使用较多的是恒定乘积做市商，基于双曲函数和两种加密数字资产的可用数量（流动性）确定价格范围。当价格越来越高时，要求两种数字资产的流动性接近无穷大。传统金融市场做市商可以精确控制想要购买和出售资产的价格点位，AMM 则只能在得到大量流动资金支持时，才能达到相同的滑点水平，这带来了更大的交易风险。同时，由于具有较大的滑点，大多数流动性利用率不高且配置不足。

还有一些用户可能承担的风险，例如，用户在AMM中存入的数字资产价格与在钱包中持有这些数字资产的价值存在差异。因为市场价格总是发生偏离，所以这种机会成本总是存在，称作暂时性亏损。另外，套利者获取的利润来自流动性提供者，这对流动性提供者来说是损失。AMM通常要求流动性提供者存入两种不同的通证，以便为交易双方提供同等的流动性，迫使参与者增加其他数字资产的风险敞口。

数字金融的创新与监管

去中心化金融与金融自由化有一定的联系。金融自由化会导致监管放松，与金融创新不同的是，金融自由化放松干预或监管的一般是比较传统的业务。而金融创新指的是新的金融业务。因此不能以金融自由化为借口，要求放松甚至取消对金融创新的监管。金融创新往往先于金融监管出现，尽管如此，对于金融创新成果的监管采取的基本原则并没有太大改变，应按照风险实质来监管。

近两年，人们的生活和工作也因疫情影响，更多地转入线上进行，线下场景被数字化，上网人数和平均在线时间快速增加，线上交易规模大幅增长，现实世界正在加速向虚拟世界扩展。区块链技术的应用范围快速扩展到金融领域，如发行个体虚拟数字币、建立去中介金融服务，几乎无所不包。现在去中心化金融也被纳入"元宇宙"这个虚拟数字世界的概念之中。元宇宙为虚拟现实、区块链、数字货币、加密技术等新一代信息技术提供了一种可视化、沉浸式的应用场景。在一些理想主义者眼中，元宇宙代表"分布式的网络，自治的社区，去中心化的金融，可信任的人工智能，沉浸式的体验，不受限制的交流、流动与畅想……"

金融风险监管与去中心化金融"不可能三角"

传统金融一直存在一些被人们长期诟病的问题，随着金融业规模在经济中的占比越来越大，垄断、不透明、不平等导致的中小微企业融资难、融资贵等弊病变得令人无法容忍。2008 年全球金融危机之后，有些人对中心化的经济金融体系失去了信心，区块链技术率先在货币领域出现，比特币等区块链虚拟币获得青睐，特别是其去中心化的理念吸引了大量理想主义者，希望构建一个去中心化的金融体系。2021 年 4 月，全球加密数字币的总市值增长到 19 722 亿美元，是一年前的近 10 倍。第二代区块链加密币以太坊的网上交易量增长了 33 倍，每天交易数百万笔，主要用于建立在以太坊之上的"去中心化金融"服务。国内也有人呼吁大力发展 DeFi，但是，中国拥有一个强监管环境，金融业是受强监管的行业，去中心化金融是否适合中国，如何在不放松监管的原则下趋利避害，用新金融技术改善金融服务成本效率？这是本章要探讨的主要问题。

传统金融体系存在很多问题，比如，信息不完全、不对称情况严重，流程不透明，导致低效率和高风险；金融风险的负外部性较大，危机传染性强，市场如果崩溃，会造成很大影响和损失。金融行业的规模效应明显，容易产生垄断和不正当竞争行为，导致金融资产价格扭曲和服务劣质，但是过度竞争也可能导致金融体系不稳定。从监管角度看，风险监管比反垄断监管更紧要。对于监管的必要性和影响，有很多不同观点，如认为监管会弱化市场竞争，成本较高，容易引发道德风险的"监管俘获论"等。一般来说，在市场正常运行时，监管可能对金融创新和社会福利有负面影响，但是对预防金融市场失灵能起到不可或缺的关键作用。适度监管有助于保障金融市场的内部调节机制正常发挥作用，维护市场稳定。

国际清算银行巴塞尔银行监管委员会于 2021 年 9 月 10 日发布《审慎处置加密数字资产敞口》的咨询文件时提出，加密数字币机器相关服务的增长引发了人们对金融体系稳定的担忧，也提高了银行面临的风险。一些数字资产[①]波动性高，可能导致银行的流动性风险、信用风险、运营风险、市场风险、洗钱或资助恐怖分子的风险，以及法律和信誉风险增加。该委员会建议对数字资

---

① 本章内的数字资产主要指基于区块链技术的加密数字产品，也可以称作区块链通证、加密币、代币、平台币、加密数字资产等，在本章中，这些说法可以相互替代。

产审慎处置的一般原则应是"同样风险、同样业务、同等处理"和"尽量简单"。尽管巴塞尔银行监管委员会只关注银行风险管理，但其提出的处置数字资产的方式不应太复杂，以及应遵循与传统金融资产同等审慎监管的倾向，适用于金融行业的各个细分领域。

近年来，金融创新步伐加快，复杂的产品设计和先进信息技术的耦合，产生了复杂系统常见的各种问题，如小范围扰动带来系统大范围波动和风险的链式传递。2008年，全球金融危机的导火索是各种信贷抵押产品的多层嵌套设计，产品复杂度超出信用评级技术的能力范围。2015年，通过各种软件接口接入券商和交易所的资金通道带来了巨额杠杆资金，是引发A股股灾的主要因素。在欧美，先进的量化投资算法和快捷的通信设施引发了大量市场闪崩事件，所有这些金融创新的共同点是它们采用的技术更先进，产品设计更专业和更复杂，而监管技术明显落后于金融创新，侧面反映了监管不到位导致的风险和损失巨大。对于金融创新应该有针对性地加强监管，而不是简单地减少监管或降低监管标准。

数字金融无法完全去中心化

虚拟数字世界是真实物理世界的扩展，是对现实世界的数字化映射。虚拟数字空间确实扩大了人类的能力范围，它的作用应能让人类在数字世界中更有效地完成协作和创新，提升现实世界的公平和效率。虚拟数字空间并不是一个可以自我满足的经济环境，目前尚未出现完全可以在虚拟数字经济圈里独立运营的商业模式。DeFi 的主要目标是用区块链技术实现传统金融的各项能力，对现实金融体系进行数字化改造，但是这种扩充本身不是没有风险的。

目前，如果没有传统金融的参与，DeFi 就难以独立满足人们的金融服务需求。这类例子有很多，如 Dai 无法做到 100% 去中心化，因为持有人要防止预言机受到攻击，一定程度的中心化治理可以维持系统安全。有些智能合约协议和资产只是开放的，可以免费使用，但去中心化程度不高。有些去中心化的数字资产，因为托管在交易所和其他聚合平台而以中心化的形式出现，如 WBTC 计划由一个 DAO 管理，但不是完全去中心化的，BTC 储备由一个托管人持有。许多 DeFi 项目采用实物资产形式，进行跨链交易、扩展和更多的操作。

DeFi 只能满足一部分人而不是所有人在传统金融系统里无法满足的金融需求，因为它提供的有些功能对用户提出了较高要求。例如，用户需要在使用这些应用之前熟悉数字加密技术，甚至要了解代码，这对很多人来说是使用 DeFi 服务的一个障碍。加密技术在公众中的普及可能需要很多年，而且不是所有人都具有管理加密资产的能力和意愿。简单易用的 DeFi 应该是清晰直观的，现实中存在产品简单性和技术复杂性之间难以调和的矛盾。

人类社会的去中心化实践历史悠久，却几乎找不出可以大范围推广的成功案例。从区块链技术上讲，完全去中心化的公有链本身具有一些当前难以克服的问题。例如，当公链上的治理或市场共识崩溃时，其通证的价值可能瞬间归零，此时形成的数字资产或财富损失，会对社会造成重大冲击。如果结合传统金融的要求，对DeFi做一些技术改进，就可以无缝转移到传统金融企业，而没有全部替代现有中心化金融体系的必要。而且DeFi本身的治理体系需要重新建立，用区块链技术完全取代现有制度和信用体系是不现实的想法，设置新系统的难度之大，需要长期演化迭代才能正常运转，耗费成本之巨亦难以计算。一个更具有现实意义的路径可能是融合DeFi和传统金融，传统金融借助DeFi可以丰富产品服务、提高效率和提升市场流动性，而DeFi可以利用传统金融的资产以更合规的方式实现规模扩张，打造一个虚实结合的数字金融环境。实际上，在一些国家，DeFi服务确实已经打通了虚拟与现实世界。一些数字货币、数字资产也模仿现实金融体系的要求，建立了资产储备制度，将数字货币、虚拟资产、虚拟商品对应一定比例的现实资产、商品与服务。用户持有的数字货币可以兑换成美元、房地产抵押债券，比如用户在线上投资的房产通证可能对应某个城市的一部分房产权益。

合理适度监管去中心化金融

去中心化金融的风险不仅有独特之处，而且风险损失很可能会超过传统金融产品和服务。前文列举的风险案例都是端对端攻击，很多DeFi平台在短时间内无法做出反应，阻止攻击发生，这也从侧面说明对参与者的尽职调查和对交易过程的监控是风险控制的关键手段。这些高技术攻击事件发生的频率之高，投资者在单位事件里的损失之大，远超传统金融产品的风险案例。数字金融应遵循金融行业的一般规律和原则，首要是防范风险。其次，从历史上看，每一轮的金融创新都会出现垄断，去中心化金融类似网络平台，监管也应防范不当竞争行为。

金融是具有强外部性和高度专业化的行业，数字金融是通过新一代的信息技术，将数据、技术和金融联结起来形成的新的金融服务、组织和模式。不当竞争行为和经营可能会引发系统性风险，破坏市场均衡、损害金融消费者的利益，监管强调"法有规定才可为"，因此金融业务必须"持牌经营"。从从业者角度看，金融不可能完全开放和自由使用，其中有很多必要的限制和禁区，如 KYC 和 AML，在数字金融活动中也必须贯彻落实。金融风险监管也应防范"过度触及没有风险评判能力、不能承担风险的长尾客群"，监督算法的透明度、算法歧视等新金融技术；应该区分金融风险、经营风险和技术风险，并进行分类监管。

DeFi 目前在国外的快速发展让很多人抱有不切实际的预期，认为它在国内的发展也会很快、空间很大。但是，鼓吹者忽略了一个关键区别，去中心化金融需要在去中心化的社会结构中，才能得到发展壮大。去中心化的实现程度在不同国家可以不同。欧美更为宽松的监管和自由市场经济，在很大程度上给了 DeFi 一定的自由发挥空间。比如，更名为 Meta 的脸书凭借全球 29 亿名用户，有很大机会构建起一个大规模元宇宙虚拟社区。脸书最初提出的Libra计划，拥有丰富的应用场景，用户可以在可视化的空间里购买商品、游戏服务甚至有形资产。该计划在欧洲遭遇了很大阻力，很难在欧洲地区推广，最终转移回美国，改名为Diem。除此之外，一些国家允许在借贷、支付、交易平台等方面使用DeFi服务，如Alameda Research做的首笔银团债务高达10亿美元。

然而，随着其规模和影响的范围越来越大，加强监管的趋势也越明显，一些国家也将逐步收紧监管，比如2021年美国国会一名议员提出的"安全港"法案，就是在现有监管法律之外，为DeFi量身定制的一个有限期"沙盒"测试环境。美国证监会委员卡罗琳·克伦肖（Caroline Crenshaw）在提到DeFi优势的同时，警告如果不采取保护性监管框架，DeFi将会带来危险。她要求DeFi社区必须在遵守美国证券法的同时，解决透明度和假名问题，她指出尽管大多数DeFi项目的代码是开源的，所有交易都在链上记录，但专业投资者和内部人士在二级市场获得了巨大回报，而散户投资者却处于劣势。巴塞尔银行监管委员会要求银行持有高风险加密资产需提供最低100%对等的资本金。英美等国监管机构要求实行强制性KYC以防止金融犯罪。

我国对"去中心化"区块链在金融方面的应用一直非常严格，区块链加密币被禁止流通和使用，也不能通过合法渠道进行投资。《中华人民共和国中国人民银行法（修订草案征求意见稿）》也曾提出任何单位和个人禁止制作和发售数字代币。近期有些央行官员的表态更为严厉，明确指出虚拟资产的非金融属性，并引导市场放弃"无政府、无中心"的幻想，合理使用虚拟资产成果。严格讲，DeFi 要求必须具备的基础设施，目前在国内实际上是不合法，也不具备的。现有法律法规和金融体系不支持完全自由开放的西方式 DeFi，如果不经由本土化改造，则 DeFi 在中国内地找不到立足之地。DeFi 的其他理念在国内是兼容的，符合未来发展方向，是可接受的。例如，消除中间环节的黑箱，降低中介及对手风险，每个人完全掌握自己的身份、资产和数据，一切交易记录和财务数据上链可查，人人可监管等。随着各种金融科技应用的落地，这些改善是可期的。

我国金融行业一贯倡导为所有人提供普惠金融，让合法合规的金融服务深入社会各个角落，让金融服务千家万户，让每个人都能充分享受金融服务的便利。但是，这与 DeFi 倡导的金融完全"自由开放"有着本质区别，是在满足监管要求的情况下扩大服务覆盖范围。金融是"大国重器"，涉及金融稳定和国家安全，很难想象在中国出现完全去中心化的金融系统，这是由中国国情决定的。

政策建议

基于以上分析，对去中心化金融的监管，笔者提出以下建议。

第一，去中心化金融服务主要在区块链网络上运行，可考虑在区块链网络中设置监督、审批等特殊节点，通过设计监管算法等方式，将监管规则和监管行为纳入节点（机构）和行为（算法）的设计、运营中。

第二，可运用 AI 技术前瞻性地研判风险情景，实时监督各类违法违规行为。利用网络分析、机器学习等技术，智能识别海量数字金融交易，及时管控各类违法违规行为。

第三，加大"监管沙盒"试点推广力度，提高试点的效率和适应性，更好地监测参与试点的数字金融产品的风险规模及可行性。DeFi 项目的开发和试运行应在"监管沙盒"环境中进行。

第四，鉴于金融监管理念和制度环境的不同，金融科技可能会带来跨境监管套利和风险传染等挑战。应构建符合数字金融特点的监管体系，尤其是针对技术风险，对项目开发和运营人员要实行严格的研发流程管理和行为审计。

第五，健全行业生态，大力发展代码安全性审计机构，要求 DeFi 项目接受持续定期审计，必须经过审计才能上线或更新升级。

第六，对投资者进行尽职调查，要求其做出"反洗钱、不资恐"的承诺，应用前端可以匿名，后台必须实名；数字资产投资的失信行为记入个人和机构信用记录。

第七，设立 DeFi 行业赔偿基金，发生不可预测的风险损失事件时，先由基金代偿，再追究相关个人和机构的责任。

参考文献

Abadi, J., Brunnermeier, M. Blockchain Economics [R]. Working Paper, 2019：2-4.

Basel Committee on Banking Supervision. Prudential treatment of cryptoasset exposures [R]. https：//www.bis.org/bcbs/publ/d519.htm, 2021-06-10.

CellETF：什么是 Uniswap？Uniswap 有何优势及风险？［EB/OL］. https：//www.jinse.com/news/blockchain/799100.html，2021-12-7.

陈道富. 对数字金融监管基本原则及重点的思考和建议［J］. 中国银行业，2021（8）：3-9.

陈永伟. 区块链通识［M］. 上海：格致出版社，2020.

胡永波. DeFi 综述［EB/OL］. https：//mp.weixin.qq.com/s/BeOsjaWdsMJ_r-CB6hDYPg，2021-07-29.

美 SEC 委员：DeFi 必须解决透明度和假名问题［EB/OL］. https：//www.tmtpost.com/nictation/5854482.html，2021-11-10.

思晨. NFT"金融化"正当时：NFT + DEFI 之路［EB/OL］. https：//zhuanlan.zhihu.com/p/369472449，2021-05-03.

所谓的"去中心化金融（Defi）"，到底有多去中心？［EB/OL］. https：//www.hupoochain.com/focus/114812/，2019-08-27.

头文字 D 之 DeFi 去中心化金融［EB/OL］. https：//baijiahao.baidu.com/s?id=1680336816953730801&wfr=spider&for=pc，2020-10-12.

沃尔特. 小哈斯莱特. 风险管理［M］. 北京：机械工业出版社，2017.

辛乔利. 现代金融创新史［M］. 北京：社会科学文献出版社，2019.

银保监会. 未来金融监管应遵循按风险实质监管等四原则［EB/OL］. http：//cq.ifeng.com/a/20171217/6232932_0.shtml，2017-12-17.

周志强. 非匀质化资金池——为什么资产 NFT 化是 DeFi 的必经之路［EB/OL］. https：//mp.weixin.qq.com/s/zUzZbnPq6F_CdbioeBFpyA，2021-07-31.

第六章

Web 3.0时代的商业创新

陈永伟

Web 3.0 的到来为实现商业创新提供了巨大的机会。通过将区块链、通证、NFT 等 Web 3.0 时代的新技术与行业相结合，人们得以创造出很多新的业态和商业模式，如 DeFi、GameFi、SocialFi、元宇宙、X to Earn、创作者经济等。鉴于前面的章节已经对 DeFi 做了专门的探讨，本章只对后面几类商业创新进行介绍。[1]

GameFi

GameFi 简介

GameFi 的概念最早是由 MixMarvel 首席战略官玛莉（Mary Ma）在 2019 年的乌镇互联网大会上正式提出的。从字面上看，GameFi 就是"Game + Finance"的简称，也就是游戏和金融的复

---

[1] 需要指出的是，以上分类之间并不相互排斥，一些 Web 3.0 的项目可能兼具以上多种业态和商业模式。

合体。

相比于传统的游戏，GameFi 有两大特点。[1]

第一，在 GameFi 中，用户可以拥有资产，并且可以通过游戏获取收入。在传统的互联网游戏中，游戏里的内容（如人物、皮肤、道具）都归游戏平台所有，平台对这些内容的处理拥有最终决定权。用户在进行游戏时，本质上是租用了这些内容，因而必须为此向平台付费。而在 GameFi 中，上述游戏内容将以 NFT 的形式呈现，用户不仅可以拥有它们，还可以通过游戏来提升它们的属性，让它们增值。最终，还可以将它们在第三方交易平台上自由出售变现。由于游戏中的内容资产都是有价值的，因此用户进行游戏的过程也就是赚钱的过程，所谓的"边玩边赚"（Play to Earn，简称 P2E）就这样实现了。

第二，在 GameFi 中，始终存在着完整的通证系统。不同于传统互联网游戏中的游戏币，GameFi 中的通证不仅可以供用户在游戏内使用，还可以在第三方交易平台上交易。除此之外，这些通证还可以用于对游戏进行治理。通过对通证的激励进行设计，游戏生态中的利益相关者，包括玩家、运营团队、投资人等，都可以从各自对游戏的贡献中获益。这样一来，整个游戏的生态就可以得到有效的激活，用户的游戏体验也可以获得较大的改善。

---

[1] Cointelegraph Research, GameFi: Can Blockchainbased Gaming Redefine the Industry? https://research-backend.cointelegraph.com/uploads/attachments/cl2teaemp0hcuufpd7f4o3vuo-ctc-gamefi-report.pdf.

自 2018 年第一个 GameFi 产品"加密猫"（Crypto Kitties）面世以来，GameFi 的概念就一直备受市场追捧。不少分析人士认为，这是真正意义上可以称得上是"杀手级"的区块链应用领域。据统计，在 2021 年，GameFi 市场的总收入达到约 100 亿美元[1]，而游戏内 NFT 的交易量则超过了 60 亿美元。[2]

自 2022 年起，市场对 GameFi 的预期有所回落，包括项目营收、NFT 交易量在内的一系列指标都有较大幅度的下滑。究其原因，除了市场的正常波动之外，主要还是 GameFi 本身的问题。

首先，目前大多数 GameFi 本身的游戏性都不太高，与其说是游戏，不如说是投资品。这样的游戏质量，对其市场的扩展产生了很大的限制。

其次，在大多数 GameFi 中，进入游戏的门槛都是不断提升的，这对它们发展新用户造成了不小的障碍。以 Axie Infinity 为例，所有玩家在进入游戏之前，必须购买一只 Axie 宠物。起初，这些 Axie 宠物的价格很低，但随着游戏的流行，它们的价格被越炒越高。这样，游戏的可持续性就成了问题。

再次，由于 GameFi 涉及大量有关虚拟资产和虚拟货币的交易，而这些交易在很多国家的法律地位并不明确。因此，GameFi 事实上面临着巨大的监管风险。对于这种风险的焦虑，也是近期

---

[1] 见前述 Cointelegraph Research 的报告。
[2] 2021 Dapp Industry Report, https：//dappradar. com/blog/2021-dapp-industry-report#games.

市场看空 GameFi 的一个原因。

GameFi 举例

Axie Infinity[①]

GameFi 的最典型代表是 Axie Infinity。Axie Infinity 由越南初创公司 Sky Mavis 创建，是以太坊区块链上的去中心化游戏。

2017 年，"加密猫"的 NFT 横空出世，在整个"链圈"引起轰动。受此启发，Sky Mavis 创始人兼 CEO（Trung Thanh Nguyen）觉得，或许可以把加密猫 NFT 的思路和"精灵宝可梦"的玩法结合起来，创造一个新的区块链游戏。于是，Axie Infinity 就被创造出来。Axie Infinity 的背景是一个精灵世界，在这个世界里，玩家可以通过培养、收集和养成宠物来建立一个属于自己的精灵王国。

作为一款游戏，Axie Infinity 十分突出其自身的趣味性，极力通过提升趣味来打造沉浸式的游戏体验、培养游戏生态。

在游戏中，玩家可以购买自己的宠物（Axie）。这种宠物本身就具有 NFT 属性，可以用来交易和收藏。不过，和加密猫等早期的 NFT 产品相比，这些宠物不仅可以用来收藏，还可以拿来培养、进行战斗。因此，宠物既是资产，又能获得战斗奖励，同时还可以升级、增值，并可在链上交易。和现实世界一样，宠物可以进行繁殖。当然，在进行繁殖时，需要投入一定的游戏通证作

---

① 陈永伟，吕琳媛. 元宇宙漫游指南［M］. 上海：上海人民出版社，2022.

为成本。

在 Axie Infinity 中有两种游戏通证：AXS 和 SLP。AXS 可以在玩家的领地上获取，而 SLP 则可以通过战斗获取。两种通证都可以在交易所进行交易，和以太坊币或者其他的通证进行兑换。此外，AXS 还是一种功能性通证，玩家被允许通过抵押 AXS 来获得参与平台治理的资格。

和"沙盒"、Decentraland 等同期的元宇宙项目类似，Axie Infinity 也可以"炒地"。Axie Infinity 的背景世界名叫卢纳西亚，整个卢纳西亚由 90 601 个地块构成，其中玩家可以拥有的地块共有 17 241 块。这些土地包括草原、森林、极地等各种地形，每一块地都有其自身的特点，并以 NFT 的形式呈现。

除此之外，Axie Infinity 也支持 UGC 内容（User Generated Content，简称 UGC，即用户生产内容）。它创造了一个地图编辑器"卢纳西亚 SDK"，玩家可以应用它来创造自己的游戏。当游戏被创造出来后，就可以放置在玩家自己的地块上。其他人点击该地块就可以玩这些游戏。此外，一旦游戏被创造出来，它就可以被存为 NFT，并进行交易。

在 Axie Infinity 中，用户除了单独游戏外，还可以组成不同的公会，共同培养 Axie 精灵，并在比赛中夺得好成绩，而其中的不少公会都引入了 DAO 作为治理方式。比如，率先在 Axie Infinity 世界引入"奖学金"制度的 YGG 公会，就建立了 YGG DAO。

YGG DAO 的激励基本上采用了"收益耕种"模式。用户可以将任意数量的 YGG DAO 抵押到 YGG Vault（也就是金库），而每个 Vault 代表来自一个或所有公会收入来源的通证奖励。例如，一些 Vault 里面的资产是用于储蓄 Axies 的繁殖和销售收入，这是玩 Axie Infinity 所需的 NFT，而另一些 Vault 中的资产则是租赁 NFT 获得的收入。当 Vault 获得收入之后，YGG DAO 就会根据每个公会成员质押的通证比例，对这些收入进行分配。

通过这种方式，YGG DAO 建立了一种类似股份制的激励结构。用户质押的通证类似于他们为购买对应的 Vault 的股份所投入的资本，而最终的收益则根据资本的多少进行分配。通过这种激励机制的设计，就可以激励更多的人加入对 YGG DAO 的投资，从而解决发展战队最为紧缺的资金问题。

坦白说，作为游戏，Axie Infinity 略显简陋。但是，从其表现来看却非常成功。它的日活跃用户曾经超过 100 万名，并且创下单日营收 4 000 万美元的纪录，是同期《王者荣耀》单日营收的三倍。现在，虽然其活跃度已经大幅降低，但日活跃用户依然有 30 万名。Axie Infinity 之所以能获得如此成功，除了由于其本身的可玩性外，更重要的是它成功引入了 GameFi 和 P2E 的思想。玩家只要通过在游戏中的战斗，就可以获得不错的回报。疫情期间，东南亚的很多国家失业率居高不下。在这样的背景下，Axie Infinity 就成了很多失业人口，尤其是低学历失业人口获取收入的一个重要手段。当然，如果玩家的资金雄厚，那么除了通过战斗等低级方式"打工"外，还可以通过"炒地皮"等方式迅速获得财富。真可谓"有钱没钱，各取所需"。

Alien Worlds[①]

Alien Worlds 是当下最为火爆的 GameFi 产品，其用户数量已经突破 700 万人。根据 Cointelegraph Research 的报告，其锁仓量位列所有 GameFi 产品的第一位。

在 Alien Worlds 中，一共有六个独立星球，玩家可以选择加入其中的一个星球，并通过战斗进行星球殖民。这一设定有点类似传统互联网游戏中的工会。不同的是，Alien Worlds 中的每一个星球都是一个 DAO，玩家可以通过质押资产获得治理通证的方法来参与这些 DAO 的治理。

Alien Worlds 的游戏内通证叫作 Trilium（简称 TLM），它可以在游戏中使用，也可以在外部市场交易。获得 TLM 有两种途径：充当矿工或充当地主。

当玩家扮演矿工时，可以选择不同的土地进行挖掘。需要指出的是，通过挖矿，他们不仅可以获得 TLM，还可以以一定概率获得各种道具和士兵的 NFT。不同土地的属性是不同的，它会影响用户采集 TLM 的效率和挖矿所需要的充电时间。当然，通过装备道具，用户可以提升自己的挖矿效率，并且属性越好的道具提升效率的幅度越大。当用户挖掘的土地是无主土地时，用户需要交出 20% 的收入作为地租。当土地是有主土地时，地租的高低则由"地主"决定。

如果玩家想要充当地主，那么就可以在市场上购入土地 NFT，

---

① https://alienworlds.io.

并设定一个租金比例。然后，他们就可以等着矿工上门，"躺着"收租了。

目前游戏的战斗功能还没有开通，但根据游戏的白皮书，用户可以用自己挖矿得到的士兵和道具来组建属于自己的军队，并和其他玩家进行战斗。战斗的胜利也能为他们带来收入。当然，这些收入中的一部分需要上交给游戏运营方用作运营费用。

Alien Worlds 的 DAO 治理比较简单：玩家可以质押 TLM 到某个行星上，获取行星的治理通证，并获得投票权。然后，他们就可以参与各种行星事务的讨论和决策。需要注意的是，每个行星的治理通证和 TLM 之间的兑换比例并不相同，用户在选择加入哪个行星的 DAO 之前需要对这一因素加以考虑。

尽管 Alien Worlds 本身的游戏性并不算高，但它已经成为当前 GameFi 领域最热门的产品。一些分析认为，这在很大程度上归功于游戏中不同星球的设定。相比于其他 GameFi 产品整个游戏只有一个 DAO 的设计，这种多个 DAO 的设定增强了用户的归属感，可以有效提升游戏的趣味性。同时，不同 DAO 之间的竞争也产生了竞争压力，有助于游戏质量的改进。

此外，该游戏的一些销售策略也有助于解释其火爆程度。例如，不久前 Alien Worlds 开通了和元宇宙游戏《我的世界》（Minecraft）的互操作。从此，用户游玩《我的世界》也可以获得 TLM。显然，这种联动将把一部分《我的世界》的用户吸引到 Alien Worlds。考虑到《我的世界》的用户数有 1.7 亿人，这个举动所产生的效果可能是非常可观的。

SocialFi

SocialFi 简介

从字面上不难看出，所谓 SocialFi，就是"Social + Finance"的组合，也就是社交化金融。其本质是一种基于区块链技术实现的去中心化的、开放的，由用户控制的新型社交应用。

SocialFi 是为了克服 Web 2.0 时代社交应用的不足而诞生的。在 Web 2.0 时代，社交应用主要被一些巨头（如国外的脸书、推特，国内的腾讯）把控，由此会产生很多问题。

（1）数据归属问题。在 Web 2.0 时代，用户的社交数据被保存在中心化运营商的服务器上，平台事实上掌握了对数据的控制权。只要平台愿意，它们可以随时剥夺或者侵犯用户的各种数据权利。

（2）利益分配问题。在 Web 2.0 时代，用户与平台之间在流量变现上的利益分配非常不均衡。用户的社交行为可能给平台带来很大的收益，但用户本人难以从中获得相应的收入。

（3）隐私保护和数据安全问题。在 Web 2.0 时代，用户存储在平台上的各种信息很容易被平台私自滥用。从而造成对用户隐私和数据安全的严重侵犯。例如，著名的"剑桥分析丑闻"事件就是脸书在未经用户允许的情况下将用户的数据私自授权给剑桥分析公司使用的结果。

正是因为 Web 2.0 时代的社交具有以上缺点，所以在 Web 3.0 时代，人们试图借助区块链技术对其进行变革，SocialFi 也就由此诞生了。

相比于 GameFi，SocialFi 的业态更为多样化。一些 SocialFi 的项目其实是依托于一些中心化平台的应用插件，主要通过加密的方式使它们去中心化，其代表有 Mask Network；一些 SocialFi 的项目本身是一个 DAO，主要利用通证来协调 DAO 成员的行为，其代表为 Friends With Benefits；一些 SocialFi 的项目是去中心化的平台，例如 Torum；也有一些项目是底层的协议，如 RSS3。

SocialFi 举例

Mask Network[①]

Mask Network 项目启动于 2018 年。按照其运营团队的构想，它是一个帮助用户从 Web 2.0 无缝过渡到 Web 3.0 的门户。Mask Network 允许用户在传统社交巨头的平台上，发送加密信息、加密货币，甚至是去中心化应用。由此，用户可以创造一个去中心化的应用程序生态。

早在 2020 年农历春节期间，Mask Network 就推出了一个可供用户在脸书上发放的加密货币红包。在疫情期间，该项目团队和 Gitcoin，以及红十字会等公益组织、NGO 合作，推出了可以用加密货币进行募捐的应用插件。此后，Mask Network 还推出了一套名为 DApplet（Decentralized Applet）的技术框架，该框架允许用户将去中心化小程序直接插入脸书、推特、Reddit 等中心化平台，

---

① https：//mask.io/.

并使这些平台不能删除它们,由此可以实现平台的去中心化。

随着 DeFi 的兴起,Mask Network 做了很多便利用户使用 DeFi 的工作。例如,它和 Uniswap、CMC、CoinGecko 合作开发了查看行情和交易加密货币的插件;推出 ITO 功能,让项目方直接在推特上发行代币。ITO 支持"一口价,多批次"发行代币。此外,它还以 OpenSea 等 NFT 市场对用户在 Web 2.0 社交媒体平台上买卖 NFT 提供了支持。

根据计划,Mask Network 还将与 Instagram 整合,推出由 Mask Network 开发的数字身份系统 Next.ID,开启 DAO 投票论坛并探索高效治理模式等。

Friends With Benefits[①]

Friends With Benefits(简称 FWB)是一个 DAO。它将互联网上有相同爱好、话题、目标的人聚集在一起,共同从事音乐、开发项目、构想数字艺术、学习 Crypto 等活动。

FWB 最初在 Discord 服务器创建,加入 FWB 需要一份书面申请和一定的 FWB 通证持有量,社区会对其进行审查和投票。通证持有人可以参与 DAO 的治理,并享受 DAO 的各项权益。

自 2020 年 9 月作为一项社会实验开始,FWB 已经发展到拥有近 2 000 名成员,其社区推动了 Web 3.0 的文化价值创造。DAO 成员已经推出了一个 token-gate 应用程序、一个 NFT 工具画廊、一个虚拟音乐工作室和一个实时社区仪表盘,此外还有在世界各

---

① https://daocentral.com/dao/fwb.

地举行的一系列聚会。

FWB 的下一个项目是 FWB Cities，旨在扩大 DAO 的 IRL 足迹，与特定城市的空间、社区和经验合作，为 FWB 成员带来现实世界的好处。2021 年 10 月，FWB 获得了 a16z 的投资。

RSS3[①]

RSS3 融合了区块链技术和 RSS 协议，旨在构建一个灵活、高效、可扩展的去中心化信息分发协议，并以 DAO 的形式运行。

RSS3 通过内置的商业、推荐以及存储等机制，将关系、内容以及画像等数据返还给用户。RSS3 希望促进信息传递的高效、自由，保护数据安全且去中心化存储，强调包容性。此外，通过分布式托管索引文件和内容文件，RSS3 让用户分布式控制自己的数据，通过密钥决定编辑文件的权利。RSS3 是无平台的媒体，如果创作者出于某些原因要更换平台，只需要带着自己的 ID，迁移到新的平台上，所有的内容、粉丝都会同步跟随迁移。

Torum[②]

Torum 诞生于 2018 年年底，是一个采取"中心化与去中心化混合模型"（Hybrid Decentralized Model）的平台。

作为一个 SocialFi 平台，Torum 主打"社交 + DeFi + NFT"的概念。它以社交平台作为底层基础设施，用户在平台内可以关注

---

① https://rss3.io.
② 参考 Torum 的白皮书。https://whitepaper.s3.us-east-2.amazonaws.com/torum-whitepaper-V4.0-EN.pdf.

优质内容创作者，获取各种加密资讯和内容，结交志同道合的朋友；优质内容创作者、KOL（关键意见领袖）等可以在 Torum 平台打造 IP 形象，经营粉丝群；项目方入驻 Torum 后，则可以通过项目宣传吸引潜在投资者的注意。

从 Torum NFT 商城中，用户可以购买各种 NFT 藏品，并一键将它们分享至 Torum 社交平台账号。另外，Torum NFT 商城还会推出创建自定义、程序化 NFT 的功能。比如用户创建的 NFT 头像，可以随着其粉丝数量、粉丝活跃度等参数发生变化。当 Torum DeFi（质押挖矿）推出后，用户若是在二级质押池中质押 LP 代币，还可以依照其在平台中的热度及活跃度，对质押奖励进行额外加成，也就是所谓的"社交质押挖矿"。

Torum 的治理通证为 XTM，其发行量为 8 亿枚。用户可以用 XTM 来购买 Torum 平台上的 NFT，也可以通过将其质押来参与平台的治理。

元宇宙

元宇宙简介

"元宇宙"一词最早出自尼尔·斯蒂芬森（Neal Stephenson）于 1992 年出版的小说《雪崩》（*Snow Crash*）。元宇宙（Metaverse）是 Meta 和 Verse 的合体词。其中 Meta 是从希腊语 μέτα 演变而来的，其本意为"在……之上，在……之后"，引申为"超越"。而 Verse 则是英文单词宇宙（Universe）的简写。两个词根合在一起，指的就是超越现实世界的世界。

在 20 世纪末和 21 世纪初，元宇宙曾经受到科技界的高度关注，人们也曾尝试用不同的方法来实现元宇宙。起初，人们希望用来实现元宇宙的方法是 VR，后来，人们又转而试图用大型多人在线游戏（Massively Multiplayer Online Game）来实现元宇宙，并产生了《第二人生》（Second Life）等一些优秀的项目。不过，受制于技术条件，这些元宇宙项目都不太令人满意，元宇宙这个概念本身也逐渐被人们遗忘。直到 2021 年，各种相关技术日趋成熟，元宇宙的概念才被人们重新提起，并成为当年互联网领域最火爆的概念。

作为一个流行的概念，元宇宙被人们从各种角度进行了不同的诠释，到目前为止还没有形成普遍的共识。[①] 在本书中，我们将元宇宙的概念局限在虚拟世界。要构建一个虚拟世界，我们不仅需要建造出这个世界的各种人物和场景，更需要在这个世界建立起完善的经济和社会治理系统。在早期的元宇宙项目中，这些都是通过一套中心化的系统来实现的。例如，在《第二人生》中，运营商林登实验室就掌握了虚拟世界中货币的发行权，并对各种交易规则、用户激励方案等拥有最终的解释权。这种 Web 2.0 风格的架构显然不能满足当代用户的需要，所以新近的元宇宙项目，如 Decentraland、沙盒游戏（The Sandbox）等，都转而采用区块链及其相关技术来构建它们的经济和治理系统，所以都具有十分明

---

① 关于元宇宙及其概念的讨论，可以参考《元宇宙漫游指南》第一章。

显的 Web 3.0 风格。

元宇宙举例[①]

Decentraland

Decentraland 项目始于 2015 年，是一款建立在区块链基础上的元宇宙产品。其建立的初衷是为了提供一种基于区块链的基础设施，使得内容创造者可以和用户之间以低成本的方式进行交易，而绕开中心化平台的高额抽成。在 Decentraland 营造的虚拟世界中，人们可以以数字化身的形式生活，并和他人进行交互。

在 Decentraland 中，土地是一切创作和创新的价值载体。在 Decentraland 上，一共有 92 598 个地块，但只有 43 689 个地块可被出售，其余的包括 33 886 个街区地块、9 438 条道路、3 588 个广场。

和现实世界一样，土地的区位特征决定了其价值，地段越好的土地价格越贵。在购买土地之后，用户可以根据需要，在上面进行改建，用于各种用途。例如，用来进行广告宣传、商品展示，甚至作为虚拟的电商交易场所等。而对于一些大公司而言，Decentraland 上的土地还可以作为虚拟办公的场所。不久前，美国的 80 多位明星还在 Decentraland 的场地上举办了一次演唱会。

现在，已经有不少企业和组织进入 Decentraland，购买了土地。例如，著名的苏富比拍卖行就在 Decentraland 里开设了一家画

---

① 这部分参考了《元宇宙漫游指南》第二章。

廊，巴巴多斯共和国更是宣布在 Decentraland 中设立了大使馆。

Decentraland 中的土地和服务是通过其内部通证 MANA 进行交易的。和比特币等加密币一样，它有固定的供应量，一共 2 644 403 343 个通证，所有通证都被记录在以太坊账本上，理论上没有人可以轻易修改。由于 MANA 的供给量是恒定的，因此随着 Decentraland 生态的繁荣，MANA 的价值也在不断走高。这在客观上让一群炒币客成了 Decentraland 的忠实拥趸。

作为一个区块链原生的元宇宙，Decentraland 在治理上采用了区块链世界常用的 DAO 模式，力图将权力还给其用户。DAO 参与者可以参与平台上的创建规则及策略，以确定 Decentraland 运行的各个方面——物品出售、内容审核、土地政策、拍卖机制等。Decentraland 的所有注册用户都可以参与 DAO 的投票和治理，参与虚拟世界的公共事务。

沙盒游戏

沙盒游戏的模式分为故事模式和自由模式两种。故事模式相当于指导教程，玩家可以按照剧情和指导完成任务。而自由模式下，玩家可以扮演上帝，随心所欲地用四种元素打造自己的"世界"。

沙盒为玩家提供了两个很重要的 UGC 工具。一个是 VoxEdit，玩家可以通过它来制造游戏中的各种模型。如果制造的模型够好，得到了官方的认可，就可以放到官方市场上售卖。另一个工具是 Game Maker，是玩家在有了模型之后，用模型搭建自己想要的游戏场景，同时可以设置游戏场景里的一些玩法以及经济机制，让其他玩家在里面玩。用 Game Maker 开发游戏无须代码知识，所以玩家可以通过这两个工具创造各种异想天开的玩法，充分发挥自己的创造力。

2018 年，Pixowl 将沙盒移植到以太坊，这使它成为最早"触链"的元宇宙项目之一。上链之后，互联网前端市场允许用户将其创作的作品进行上传、发布和出售。作品首先被上传到 IPFS（星际文件系统）网络中进行分散存储，然后在区块链上注册以证明所有权。一旦完成，作品就成为资产，潜在买家可以在随后的市场上购买。

在区块链版的沙盒中，使用的通证被称为"沙币"（Sand），玩家可以用它来购买 UGC 内容，即游戏中的地产（Land）或 UGC 资产。需要说明的是，这里的"地产"和"资产"，本质上都是一种 NFT。每一个地块和每一笔资产都在公共以太坊区块链上有唯一的对应位置。当然，如果用户愿意，他也可以把手中的沙币兑换成以太币等其他代币，或者直接兑换成美元。目前，沙盒的"地价"是所有元宇宙项目当中最高的。不久前，其中的一个地块以 430 万美元被拍卖，一度创下了元宇宙地价的纪录。

在区块链的加持之下，沙盒的用户可以更容易地拥有和转移自己在虚拟世界的资产，而内容创作者也更容易将自己在游戏中的创作成果进行变现。

X to Earn

X to Earn 简介

在以 Axie Infinity 为代表的 GameFi 产品大获成功之后，P2E 模式进入大众视野。人们开始认识到，借助于区块链技术，很多原本无法产生收益的活动（如游戏）都可以成功变现。于是，各种各样的 X to Earn（X2E）项目，如"边学边赚"（Learn to Earn，简称 L2E）、"边跑边赚"（Move to Earn，简称 M2E）、"边吃边赚"（Eat to Earn，简称 E2E），甚至"边睡边赚"（Sleep to Earn，简称 S2E）等，便如雨后春笋般涌现（见表 6.1）。

表 6.1 部分典型的 X2E 项目

序号	项目名	模式	简介
1	ReadON	边读边赚（Read to Earn，简称 R2E）	ReadON 是一个结合了 SocialFi 和 GameFi 的"边读边赚"应用
2	Calo	边学边赚（Learn to Earn，简称 L2E）	Calo 是一款促进用户锻炼的全球健康和健身应用程序
3	CrypNote	边写边赚（Write to Earn，简称 W2E）	GrypNote 是一款去中心化、加密的永久存储笔记和协作平台
4	Walken	边走边赚（Move to Earn，简称 M2E）	Walken 是一款通过游戏和锻炼获取通证奖励的移动应用程序
5	Proof of Meditation	边冥想边赚（Meditation to Earn，简称 M2E）	Proof of Meditation 是一款激励用户冥想并对其进行奖励的应用程序

（续表）

序号	项目名	模式	简介
6	B-Cycle	边骑边赚（Bike to Earn，简称 B2E）	B-Cycle 是一款致力于让用户的生活方式变得更为有趣和有益的 B2E 程序
7	Class Café	边喝边赚（Drink to Earn，简称 D2E）	Class Café 是一个线下连锁咖啡品牌，开发了 CLASS Coin
8	STEP	边走边赚（Move to Earn，简称 M2E）	STEP 可以让用户通过健身获得加密货币
9	DOSE	运动赚钱（Workout to Earn，简称 W2E）	DOSE 是 OliveX 游戏化健身生态的核心
10	DEFIT	边走边赚（Move to Earn，简称 M2E）	DEFIT 旨在将运动和健身引入区块链世界，引领 M2E 潮流
11	STEPN	边走边赚（Move to Earn，简称 M2E）	STEPN 是首款 M2E 链游
12	Let me speak	边学边赚（Learn to Earn，简称 L2E）	Let me speak 是一款英语学习 App
13	Poppin	边吃边赚（Eat to Earn，简称 E2E）	Poppin 是首款 E2E 应用
14	Genopets	边走边赚（Move to Earn，简称 M2E）	Genopets 是世界上第一款免费的、靠移动赚钱的 NFT 游戏
15	Sleep Future	边睡边赚（Sleep to Earn，简称 S2E）	Sleep Future 是睡眠健康生态系统，旨在改善全球社区的睡眠
16	Dotmoovs	竞技赚钱（Move to Earn，简称 M2E）	Dotmoovs 是一个 M2E 应用程序，带有社交网络和虚拟世界体育游戏
17	Puff Music	边唱边赚（Sing to Earn，简称 S2E）	Puff Music 旨在建立一个边唱边赚和人才中介的平台

（续表）

序号	项目名	模式	简介
18	WIRTUAL	锻炼赚钱（Sport to Earn，简称 S2E）	WIRTUAL 是一个锻炼赚钱的应用程序
19	Fitmint	边走边赚（Move to Earn，简称 M2E）	Fitmint 是一款具有 NFT 和 SocialFi 属性的 M2E 应用
20	Cipher Collectible Hip Hop	嘻哈赚钱（Rap to Earn，简称 R2E）	Cipher Collectible Hip Hop 是一款帮助用户制作 Rap 型音乐 NFT 并在平台上出售的项目

资料来源：DT 公社。

应当承认，X2E 的兴起为人们激励某些有益的行为，如运动、环保等提供了良好的机会，因而其本身是有益的创新。也正是因为如此，这种模式被提出之后，就得到了市场的肯定。据报道，截至 2022 年年初，已有 102 家加密市场顶尖的风投机构和基础设施服务商全都押注 X2E 概念，投资金额超过 120 亿美元。

不过，也必须看到，X2E 这种模式本身存在着不小的问题和缺陷。一方面，X2E 模式的成功，很大程度上要处理好激励问题。从现在的实践看，很多项目为了鼓励用户的某些行为，都采用了十分强力的经济刺激，给予用户非常丰厚的经济回报。然而，这些行为本身通常并不能产生明显的经济价值，很难形成成熟的商业模式，因而在更多时候，激励产生的成本就只能依靠发展新的用户，从他们那里获得新的收入来弥补。这就让这些项目可能陷入"庞氏骗局"。一旦新用户的发展不如预期，则整个项目都可能陷入崩溃。目前，StepN 等一批 X2E 项目陆续陷入危机，原因就在于此。

另一方面，经济激励的引入虽然可能会鼓励人们从事某些行为，但也会让这些行为产生异化。比如，M2E 可能会导致人们将跑步不再视为一种爱好，而将其作为一种赚钱的手段。为了达到赚更多钱的目的，他们可能会不惜作弊去伪装一个看似良好的成绩。很显然，这并不是人们想要的结果。从这个意义上讲，如果未来的 X2E 项目要真正发挥好其公益性，就必须兼顾经济激励和非经济利益，在两者之间做好权衡。

X to Earn 举例

StepN[①]

2021 年年底上线的 StepN 是一款基于 Solana 公链的区块链应用，号称全球首款 M2E 模式的 NFT 产品。

在整体设计上，StepN 和 Axie Infinity 比较类似，用户可以以运动鞋形式拥有 NFT，并通过在现实世界中户外步行或跑步赚取通证以获得收入。不同的是，在 Axie Infinity 中，用户获取收入的主要渠道是在游戏中战斗，而在 StepN 中，用户获取收入的主要渠道则是运动。

StepN 市场中有三种可供交易的 NFT：跑鞋、徽章与宝石。其中，跑鞋是用户获取激励通证的主体，用户要想参与游戏，就需要首先购买或通过开启"鞋盒"的方式来获取跑鞋 NFT。徽章与

---

① 关于 StepN 的细节可以参考 https：//whitepaper. stepn. com。

宝石则相当于"升级"服务所需的道具，用户可以通过在跑鞋上镶嵌它们来改善其属性。

StepN 设置了双通证系统：游戏通证 Green Satoshi Token（简称 GST）和治理通证 Green Metaverse Token（简称 GMT）。

GST 的供应是无限的——用户通过他们的日常活动赚取 GST。为了保证 GST 的稳定性，StepN 设计了很多烧录机制，包括升级游戏内资产（如跑鞋和宝石）、解锁宝石插槽，以及铸造新鞋 NFT 等。

GMT 供应总量被固定为 60 亿，其中 30% 将通过 M2E 和治理参与分配。与 GST 不同，GMT 被设定为通缩的，其总发行量每三年将减半（这一点十分类似于比特币）。GMT 的用途很多，除了用于作为参与社区治理的凭证外，它还可以用来升级跑鞋，以及增强与用户账户相关的游戏机制。目前，StepN 还没有开启获取 GMT 的方式，根据《StepN 白皮书》，在获取方式被开启后，拥有 30 级运动鞋和至少三个能量的用户将能够通过运动随机赚取 GMT。

总体上看，StepN 将健康生活理念和获取收入通过 M2E 结合在一起，是一个非常巧妙的设计。和很多 X2E 产品通过拉新来获取收入不同，StepN 通过先买鞋后游戏的模式，以及多种 NFT 的购买机制，较好地对收入进行了平衡。尽管如此，StepN 依然和其他 X2E 产品一样，难以完全摆脱有关"庞氏骗局"的质疑。2022 年 5 月以来，GST 和 GMT 双双迎来了大跌。从这个角度看，StepN 要向人们彻底证明其商业模式的正确性和可持续性或许还需要一段时间。

Let me speak[①]

Let me speak 是第一款在 Solana 公链运行的 L2E 型应用。在进入应用后，用户需要先购买一个角色 NFT，然后通过在游戏中学习英语，给自己的 NFT 积蓄能量。在游戏中，获得能量的主要途径是答题。每次答题正确都可以获得能量，然后一部分能量将转化为应用内通证 LSTAR。

LSTAR 可以在应用内使用，其功能包括产生或购买新的 NFT、对 NFT 的外观进行变更，以及购买各种道具。当然，它也可以在外部市场上直接交易。Let me speak 没有对 LSTAR 的发行量进行限制，但限制了其币值：出售 LSTAR 的价格被设定为 0.03 单位 USDC，而回购 LSTAR 的价格则被设定为 0.02 单位 USDC。由于 USDC 是稳定币，其价值始终盯住 1 美元，因而 LSTAR 的价值也就相对稳定。

Let me speak 的治理通证是 LMS，拥有它的用户可以参与应用的 DAO 治理。并且根据其白皮书，LMS 还将是整个 LMS 元宇宙的治理通证。由此可知，Let me speak 的未来或许要在现有应用的基础上，进一步构建一个元宇宙。不过，关于具体的建设计划，目前还没有详细的消息披露。

在商业模式上，Let me speak 仍然和 Axie Infinity、StepN 十分类似。在目标市场上，Let me speak 选择了英语学习这个"刚

[①] https://www.letmespeak.org/.

需",其发展潜力是具有一定想象空间的。在玩法上,Let me speak 也加入了一定的创新。比如,用户可以用自己手中的角色"生宝宝",即将两张相同稀有度的 NFT 重新铸造成一张新的 NFT,这种设定给这一应用加入了一定的角色扮演元素,从而增强了其可玩性。在通证经济上,Let me speak 将 LSTAR 的价值稳定在一个相对固定的水平,这似乎意味着应用的运营团队并不希望 LSTAR 像其他通证那样被炒作,或许这也是团队对这一应用有长期规划的一个例证。

不过,从商业模式上看,Let me speak 依然具有一定的"庞氏骗局"风险。它究竟能否突破这种模式的诅咒,还需要时间的检验。

创作者经济

创作者经济简介

创作者经济(Creator Economy)是目前互联网上日益兴起的一种新业态。在这种业态下,独立的内容创作者绕过传统的中心化平台,以去中心化的方式发布自己的原创内容,并以此获取收益。

从 Web 2.0 时代开始,创作者就可以在互联网上发布自己的作品。但是,在这个时代,网上的创作围绕着中心化的平台展开,平台掌握着创作者发布作品的渠道,并对作品拥有强大的控制力。例如,只要平台愿意,就可以随意封杀创作者发布的博客或者音乐作品。尽管一些平台为了鼓励用户创作 UGC 作品，也会给予其一定的激励，但因为平台和创作者之间的利益不对等，所以创作者通常只能在整块"蛋糕"中分得非常小的一部分。很显然，在这种利益分配格局之下，创作者的创作激励将受到严重的压制。

而在 Web 3.0 时代，创作者终于可以借助区块链以及其上的 NFT 等工具，来确认对自己作品的控制权，并从中获取相应的收入。一批去中心化的平台也开始陆续出现，帮助创作者生产、传播他们的作品。创作者经济由此兴起。

需要指出的是，所谓创作者经济，并不是单一的业态或商业模式。在实践中，不同项目之间的形式非常不同。一些归于创作者经济范畴之下的项目主要是利用 NFT 来帮助创作者，而另一些归于创作者经济范畴之下的项目则可能是去中心化的平台。这里，我们仅举其中的两例进行介绍。

创作者经济举例

Mirror[①]

Mirror. xyz 当前是一个去中心化的内容发布平台，其目标是让创作者"在 Web 3.0 上建立和连接你的世界"。

作为一个开放公共可组合的后端，当前阶段，Mirror 为创作者提供了 6 个基础能力工具：文章发布（Entries）、资金众筹（Crowd funds）、收益分流（Splits）、NFT 数字藏品（Editions）、

---

① https：//mirror. xyz/.

拍卖（Auctions），以及社区治理投票（Token Race）。

在文章发布模块中，Mirror 除了具有简单的编辑器功能外，还引进了当下非常流行的内容块概念，支持插入文本、链接、视频等。这些内容块都可以在文章中快速引用，并提供直接预览。创作者在完成文章后，就可以选择其发布形式。创作者可以选择将文章制作成 NFT 进行发布，这样读者就需要购买 NFT 来阅读文章，作者也可以因此获得收入。需要指出的是，如果要将文章制成 NFT，用户需要为此支付一定的费用，而如果不制作 NFT，文章的发布则是免费的。

目前，Mirror 支持在多个平台上发布 NFT 作品，对于每一个发布到链上的文章，在文章最下方会显示链上存储的唯一地址，可以实现文章完全的去中心化访问。即使 Mirror 这个平台不再运营，文章也会永久得到保留。

众筹模块 Mirror 允许创作者为他们的项目或创意筹集资金。发起众筹的用户需要根据众筹行为规范，填写项目名称、细节，设定众筹的目标金额以及回馈方式。与传统众筹平台不同的是，Mirror 可以帮助众筹的用户快速启动一个 DAO，参与众筹的支持者们可以获得项目的通证，并成为 DAO 的成员。系统支持创作者将自己的作品制成 NFT，用它们来奖励 DAO 成员，或者作为 DAO 的标志。此外，在众筹中贡献排名前列的用户还可以获得独特的 NFT，用来作为和其他支持者的区分。

收益分流模块主要供共同创作者进行利益分配使用。在这个模块中，参与共同创作的用户可以将事先商议好的分成比例，以及个人的加密钱包等信息上传。这样，他们的作品在获得收益之后，收益将会按比例打到每个人的钱包中。

NFT 数字藏品模块允许用户将自己的文章或者其他文件发布为 NFT。类似微信公众号中的打赏，这一模块对 NFT 的付费预设了不同的档次，用户可以自行选择一个档次或者自己决定付费金额。这样，读者在阅读时就需要缴纳对应的费用。

拍卖模块允许用户对自己的 NFT 藏品发起拍卖。这一模块支持多个 NFT 平台，用户可以根据需要选择平台，然后在对应的平台上拍卖。

社区投票模块主要是针对社区治理设计的。用户可以在这个模块中上传自己的提案，并用治理通证进行投票。

由于 Mirror 的功能强大、使用简便，目前它已经成为广大创作者十分青睐的内容发布平台。值得一提的是，Mirror 的创作团队认为，他们的工作只应该是为创作者提供底层的支持，而对一些更为应用层面的功能则不予涉及。尽管这种设计理念引发了一些用户的不满，但这其实也在客观上为其他开发者留下了市场机会。

Audius

Audius 是一个去中心化的音乐平台。从表面功能上看，Audius 和 Spotify 等一般的音乐平台十分类似，用户可以浏览热度高的单曲和播放列表或者直接搜索。而在登录后，用户则可以进一步作为粉丝去关注某个歌手，也可以在平台上传和发布自己的作品。

但是，从本质上看，Audius 又和传统的音乐平台存在根本不同。作为一个 Web 3.0 时代的去中心化平台，Audius 并不是由某个中心化团体运营的，而是一个运行于区块链之上的去中心化平台。它的用户信息存储在以太坊或者 Solana 链上，音乐和图片数据存储在基于 IPFS 技术自建的分布式存储网络上，从而实现了去中心化和不可篡改。

在没有中心化的领导进行调控的情况下，Audius 主要用基于区块链的通证来激励用户，并对平台进行治理。每一个用户只要创造了新的作品，平台就会自动奖励其一定数量的通证。当然，用户以往的作品越好，受欢迎程度越高，他通过作品可以获得的通证就越多。这种措施，保证了用户有一定的激励提升自己的创作水平，提高自己的影响力。

在用户获得了通证之后，就可以将其中的一部分进行质押，从而获得参与平台治理的权力。依据其质押的通证多少，用户可以获得相应的投票权。理论上讲，所有关于平台发展的问题都可以在区块链上投票。然而，这种看似民主的机制其实是有问题的。一方面，由于平台运行中的问题很多，而区块链投票的成本又很高，事事都发起链上投票其实非常没有效率。另一方面，由于投票权是根据用户质押的通证多少来分配的，这就使用户之间的贫富差距会严重左右民主机制的运行，从而产生少数富有用户控制多数贫穷用户的局面。

针对这两个问题，Audius 很巧妙地设计了一种双层投票方式。具体来说，Audius 开设了一个论坛，在论坛上，用户可以自由发表自己的观点，并提出自己感兴趣的议案。所有用户可以在论坛上投票，决定哪些问题需要被提交到链上进行表决。很显然，经过这样的筛选，就只有相对较少的一些问题可能会进入链上表决环节，大部分的争议可以在论坛投票解决。不仅如此，由于论坛投票完全是根据人数决定结果，即使某些用户再富有、质押的通证再多、在链上的投票权再大，他关心的议题都可能在论坛投票环节就被否决。通过这样的机制设计，Audius 就可以有效避免被个人或者某个小团体控制，以及由此带来的再中心化风险。

结　语

Web 3.0 时代的到来颠覆了 Web 2.0 时代以平台为中心的多种业态和商业模式，全新的、去中心化的业态和商业模式由此得以涌现。这既给广大创业者提供了新的机会，也给用户带来更多实惠和便利。

不过，现在 Web 3.0 还处于发展早期，其带来的很多商业机会可能还不太成熟，甚至还存在着不少的风险。因此，对于创业者和投资人而言，面对 Web 3.0 的机会还需要持一定的谨慎态度。

第七章

Web 3.0语境下的数字资产

王　铼　上海政法学院"中国-上海合作组织国际司法交流
　　　　合作培训基地"反洗钱与金融安全研究中心主任
曹　莹　北京市环球律师事务所顾问
苏　莉　北京市环球律师事务所合伙人

20世纪80年代末期建立在Internet（因特网）上的万维网出现，使全世界的人们可以突破时空限制，以史无前例的巨大规模开始相互交流。Web时代的出现是人类通信技术的重大革命，对人类社会产生了极其深远的影响。伴随着各类信息技术的迭代创新，Web时代从Web 1.0演进到Web 2.0，如今正是向下一代互联网时代Web 3.0演进的重要时点。每一次的演进都会引发新一轮的信息革命，深刻改变着人们的生活、工作以及社会的方方面面。作为Web 3.0时代最核心的数字资产，NFT的技术创新在中西方都掀起了阵阵热潮，真正实现了用户拥有数据，数据拥有价值，成为打开价值互联网大门的一把金钥匙。本章将通过回顾Web时代的技术演化路径，对比NFT在中西方的不同发展趋势和监管原则，探讨Web 3.0时代的合规方向。

Web 3.0时代的数字经济载体新生

从Web 1.0、Web 2.0到Web 3.0，数字经济的时代演进之路只有短短的30年。然而，这30年在人类历史的长河中熠熠生辉，以互联网的形式将"地球村"真正融为一体，实现了世界联通、内容爆炸和价值创造。在探讨什么是Web 3.0之前，我们有必要简要回顾一下这段激动人心的历史。

Web 1.0是万维网的第一阶段，被称为"只读Web"，一般认为1991年到2004年是Web 1.0时代。在这一阶段中，信息因为网络联通可以自由流动，世界互联触手可及。只不过在此阶段受技术发展的限制，信息的表现形式较为单薄，网站是信息性的，只包含超链接在一起的静态内容，没有CSS（Cascading Style Sheets，即层叠样式表）、动态链接、用户登录、博客评论等互动性操作，互联网用户只是内容的消费者。Web 1.0的本质是聚合、联合、搜索，其聚合的对象是巨量、无序的网络信息。Web 1.0只解决了用户对信息搜索、聚合的需求，而没有解决沟通、互动和参与的需求，因此Web 2.0应运而生。

Web 2.0是万维网的第二阶段，通常被称为"读+写Web"。从2004年持续至今，Web 2.0带来的一个根本性转变在于用户可以生成内容并进行互动。特别是随着移动互联网以及YouTube、脸书、微信等网络平台的发展，用户可以通过各种在线工具和平台创建并传播自己的内容，分享自己的观点、想法和经验，与其他用户交流互动。相较于Web 1.0，Web 2.0的网站和应用程序的易用性、参与性和互动性都得到质的提升。

但无论是Web 1.0还是Web 2.0，用户的线上活动都必须依托于特定的互联网平台。即使在Web 2.0阶段，用户可以自主创建和传播内容,但所有内容的生产活动规则是由互联网平台制定的,用户无法实际拥有自己生产的信息和内容,互联网公司成了网络活动的实际控制者。换言之,用户的数据为公司发展创造了价值,用户却无法通过"劳动投入"获得"相应的价值"。因此以平台为中心的生态使得"垄断""隐私保护缺失""算法歧视"等问题成为关注的焦点。如何使互联网从封闭走向开放,走向互联互通,已经成为行业迫在眉睫的任务,探索 Web 3.0 成为共识。

Web 3.0 背景下的价值互联网

Web 3.0 是互联网的新时代,通常被称为"读+写+拥有 Web"。Web 3.0 的本质是去中心化的、安全的互联网,基于区块链底层技术的支持,通过网络实现价值的重新分配,无须中间商或大型科技公司,用户就可以在其中安全地交换价值和信息,实现用户的参与和控制。而当数据成为资产本身,网络世界的价值流动也自然发生。

Web 2.0 时代的信息互联网是通过标准机器语言把信息组织起来,尽管在浏览器界面上展示的是人类自然语言,但其底层本质仍是机器语言,浏览器并不能理解网页内容的真正含义。[①] 新一代互联网 Web 3.0 不仅能够组合信息,而且还能像人类一样读懂信息,并通过类似人类的行为方式进行自主学习和知识推理,从而提供更加准确可靠的信息,使用户与互联网的交互更加自动化、

---

① 具体见本书第一章。

智能化和人性化，使关于数字孪生的一切探讨都成为可能。

在 Web 3.0 时代，用户的数据将属于用户自己，而不属于某个互联网公司或平台，用户拥有对自己数据的自主权，当用户的数据产生价值时，用户自己也能获得相应的价值回报。中国证监会科技监管局局长姚前对于 Web 3.0 是这样描述的：互联网经过 30 年的发展，如今正处在 Web 2.0 向 Web 3.0 演进的重要时点，加强对 Web 3.0 的前瞻研究和战略预判，对我国未来互联网基础设施建设无疑具有重要意义。他还指出，Web 3.0 以用户为中心，强调用户拥有（own）自主权：一是用户自主管理身份（Self-Sovereign Identity，简称 SSI），二是赋予用户真正的数据自主权，三是提升用户在算法面前的自主权，四是建立全新的信任与协作关系。显然"用户自主"将成为 Web 3.0 时代的关键词。同时，数据被赋予经济价值，成为新型的生产要素，可以被确权、定价乃至量化。在 Web 3.0 时代，用户拥有数据，数据拥有价值。这与 Web 2.0 时代的用户即商品截然不同。从互联网时代的商品到互联网价值的主人，用户可以不依赖平台而通过相互协助的方式在互联网上创造价值，并且传递价值。这就是 Web 3.0 作为价值互联网的意义。

Web 3.0 与元宇宙

Web 3.0 不仅是智能互联网，而且是立体全息互联网，能够为用户提供前所未有的交互性、沉浸感和参与感，2021 年在国内外科技创投领域最火的元宇宙概念也成为互联网技术从 Web 1.0

到 Web 2.0，再到 Web 3.0 之后的自然延伸。脸书公司正式宣布更名为 Metaverse 并决定全力投入元宇宙，再一次引爆了大众对于 Web 3.0 和元宇宙的无限畅想，而二者究竟谁将代表互联网的未来也一直受到热议。Web 3.0 是下一代互联网的代表，元宇宙则是一个数实融合、互构的未来世界，并且在多个维度上不断演变和发展，形成"多元宇宙"。[1]元宇宙在数字孪生、边缘计算、扩展现实、人工智能等技术群组的支撑下，融合了虚拟和现实的混合体验。元宇宙和 Web 3.0 有所不同，但是并非未来互联网的竞争形态。两者均有可能成为未来的代表，其概念和范围也有彼此重叠的部分。我们还处在两者发展的最初期。可以确定的是，为了让元宇宙落地现实，需要开源、可交互操作的、由大众而非少数人控制的互联网生态环境。[2]

Web 3.0 时代的技术支撑

Web 3.0 作为互联网时代的演进，强烈依赖于面向数据的新一代信息技术的迭代。这些技术包括区块链、智能合约、人工智能、物联网、隐私计算、边缘计算、人机交互、虚拟/增强现实等。在 Web 3.0 中，人们在区块链这个共享账本中储存数据、交

---

[1] 埃森哲，"多元宇宙，融合共治，重塑新商业格局的技术与体验"，https://www.accenture.com/cn-zh/insights/technology/technology-trends-2022，最后访问时间 2022 年 6 月 6 日。
[2] 成生辉，《元宇宙：概念、技术及生态》，机械工业出版社，2022 年 3 月第 1 版。

换价值，并记录交易活动。区块链为 Web 3.0 提供了安全的执行层，是 Web 3.0 的技术支柱。Web 3.0 是基于加密经济的协议，可编程的智能合约为其发展奠定了基础，将 Web 3.0 交付到用户手中，实现了 DeFi、P2E（链游）等复杂的自动化商业应用。隐私计算是搭建 Web 3.0 生态的重要抓手，整个金融体系在隐私计算和区块链上会发生翻天覆地的变革。

Web 3.0 时代的核心数字资产——NFT

Web 3.0 的焦点在于创造一个去中心化的互联网。在这个去中心化的互联网上，用户的数字身份是独一无二的。在脱离 Web 2.0 时代的垄断平台对于用户身份和隐私的掌握后，如何在 Web 3.0 时代实现用户身份的识别与隐私保护的平衡，成为下一代互联网需要突破的核心问题。区块链技术为此提供了可能。具体来说，NFT 作为独一无二的数字资产，成为代表用户数字身份和虚拟资产所有权的理想工具。通过将用户的独特数字身份在区块链上生成 NFT，从而使得其他人无法随意篡改用户身份，这可以为用户带来更加个性化并且更加保密和安全的互联网参与体验。

NFT，即非同质化通证，是一种基于智能合约与区块链技术的虚拟化数字资产，是 Web 3.0 时代的数字资产代表。与同质化通证（比特币是最典型的同质化通证）相比，NFT 的每一个通证都是独一无二、无法替代的。世界上没有两枚 NFT 是相同的，因此无法进行交换。基于此特性，NFT 可以被用于证明类似虚拟艺术品、音乐、游戏皮肤等数字资产的真实性和所有权。与同质化通证的另一个不同是，NFT是不可分割的通证，比特币是可分割的通证。如果借出1个比特币，债务人可以选择归还1个比特币，也可以归还0.5个、0.3个，甚至更小单元的通证。因此NFT成为中西方Web 3.0发展的早期实践。但是由于监管政策的底线不同，NFT在中西方走出了完全不同的发展道路。

NFT的海外价值实践

NFT的海外应用场景

目前海外NFT的应用场景主要在虚拟艺术品、加密音乐、游戏、虚拟土地、去中心化金融等领域。

NFT虚拟艺术品

基于NFT的独一无二性，它可以作为验证数字艺术作品的真实性和所有权的电子证书。著名的虚拟艺术家Beeple（真名为迈克·温科尔曼）的一副虚拟艺术品《每一天：最初的5 000天》（*Everydays: The First 5 000 Days*），在佳士得拍卖会上拍出了6 900万美元的天价。[①] 在这里，NFT作为电子证书，证明了这幅虚拟艺术品的真实性。其他人或许也可以复制下载这幅作品，但

---

① MARK PRVULOVIC, Christie's Is Selling Cryptopunk NFT Art Collection for ＄9 Million, https：//marketrealist. com/p/christies－cryptopunk－nft/，最后访问时间2022年6月6日。

是真正的原作品只有一件。NFT 解决了虚拟艺术品真伪鉴定的这一最大难题。早在 2017—2018 年，就已经有艺术品上链，只不过未成气候。现在，人们可以直接购买艺术品，也可以在购买艺术品之后将其通证化，然后进行二次销售。艺术家可以直接在 Foundation App 这样的一级市场上出售自己的 NFT 艺术品，也可以选择 OpenSea 这样的二级市场进行交易。

NFT 加密音乐

世界知名 DJ（Disc Jockey，唱片骑师）3LAU 在 Nifty Gateway 平台推出了 NFT 音乐作品。[①] 此次，3LAU 推出了 175 件作品，每件作品售价 999 美元。在短短 9 分钟的时间内，这些作品被一抢而空。一时间，NFT 音乐成为可能颠覆 Spotify 等流媒体的音乐工业新玩法。通过加密音乐，艺术家不仅可以从初次出售音乐的行为中获利，后续的每一次转卖，艺术家依然可以从中获得一定比例的佣金。这对受到疫情影响，世界各地的现场演出几乎都被取消的艺术家们来说，是一个重大利好。

NFT 体育应用

对于大众来说，绘画、摄影等虚拟艺术的门槛或许较高，但是篮球、足球作为普及度更高的运动项目，其数字藏品与大众的距离更近。NBA（美国职业篮球联赛）将自己的球星视频集锦以

[①] Robert Hoogendoorn, Music Artist 3LAU Sold Almost ＄175.000 in 9 Minutes, https：//www.playtoearn.online/2021/01/23/music‐artist‐3lau‐sold‐almost‐175‐000‐in‐9‐minutes/，最后访问时间 2022 年 6 月 6 日。

NFT 的形式出售，基于区块链的 NBA Top Shot[①]已经开通超过 80 万个账户，处理超过 300 万笔交易。其开发商 Dapper Labs 也被市场看好，在最近一轮的融资中募得 3.05 亿美元。

NFT 游戏与虚拟资产

NFT 艺术品和游戏只是区块链虚拟世界的冰山一角，在虚拟的元宇宙环境中，土地、建筑都可以作为 NFT 资产进行买卖。在 Decentraland、Cryptovoxels 和 Somnium Space 等基于区块链技术的去中心化虚拟现实平台上，虚拟房地产价格正创下新高。4 月 11 日，在 Decentraland 搭建的世界中，一块面积为 41 216 平方米的虚拟土地以 52.7 万美元的价格售出，创下这一平台上新的价格纪录。[②]

NFT 与去中心化金融

如果说 NFT 的艺术、游戏等仅仅发挥了 NFT 的部分功能，那么 NFT 可以借助 DeFi 展现更多潜力。所有这些 NFT 的数字资产，都可以作为抵押品进行抵押。同时，NFT 还衍生出多种借贷、保险等复合型产品，其金融属性显然更具想象空间。Uniswap 作为目前最受瞩目的去中心化交易所（DEX），允许用户在没有中介的情况下进行交易，可以自定义流动性区间，其收据也是 NFT。DeFi

---

[①] "NFT 收藏界的亮眼新星'NBA Top Shot'声势大涨！"，https：//new.qq.com/omn/20210130/20210130A09SF900.html，最后访问时间 2022 年 6 月 6 日。

[②] "花式泡沫活久见 数字货币投资者们开始热炒'虚拟 NFT'"，https：//finance.sina.com.cn/tech/2021-04-25/doc-ikmxzfmk8748288.shtml，最后访问时间 2022 年 6 月 6 日。

的链上资产原本只有 4 亿美金，经过一年的发展，目前已经有 800 亿美金在智能合约中，每天有超过 20 亿美金的交易规模。

NFT 海外发展的金融化道路

从 NFT 的海外商业实践来看，NFT 在海外走出了金融化、证券化的一条道路。这与 Web 3.0 的用户创造价值，互联网传递价值的基本理念不谋而合。DeFi 作为 NFT 在海外的重要应用，实现了加密资产的抵押借贷，实现了对金融行业的重大创新。在链游等商业场景中，用户直接通过参与游戏实现获利。边玩边赚（Play To Earn）成为 NFT 金融价值探索的一种重要形式。碎片化 NFT（Fractionalized NFT）更趋近于类证券发行。普通金融化和证券化的 NFT 实践显然都触碰到各司法管辖区的底线。在世界各国，证券都属于具有最高准入门槛的金融行业。一旦 NFT 被认定为类证券化的商业应用，它就不仅仅是互联网科技创新的实践，更成为各国监管的目标。

NFT 的境外监管趋势

目前，在 NFT 商业应用最多的美国，NFT 早已进入了 SEC（美国证券交易委员会）的监管视野。以下就以美国为例，分析 NFT 的证券化监管合规要点。

美国《证券法》对于证券范围的规定十分宽泛。除了通常意义上用于投资的证券，比如股票、债权等，只要"投资合同"可以作为一种收益证明或者参与收益共享安排的证明，就有可能被认定为证券。具体来说，最高法院在 SEC v. Howey 一案中确立了"豪威测试"（Howey Test），作为判断一些"另类投资"是否属于证券的主要认定方法。①

豪威测试包括以下四条标准：（1）金钱投资（the investment of money），即购买者以现金为对价形式，向项目发起方提供资金。（2）该投资是在一项共同事业（common enterprise）中，以此区分投资合同与个人合同。共同事业是可以具有垂直共性或者横向共性的事业。（3）期待获得利润（expectation of profit）。（4）投资人的收益仅仅来自他人的努力（efforts of others），即投资者仅需付出指定的费用及成本，并不实际参与项目的运营和管理。

SEC 企业融资部的威廉·辛曼（William Hinman）曾经在演讲中强调了判断某些同质化通证是不是证券的标准。② 其中的部分判断标准也可以应用到 NFT 的性质判断上。一是 NFT 的销售方式。当 NFT 被出售给公众时，发行人承诺了 NFT 的立即流通性或者回报，那么此时其数字藏品性质较弱，更加具有投资性。也就是说，公众预期通过购买 NFT 以被动收益的方式获得投资回报。二是 NFT 及底层资产的控制和推广方式。如果 NFT 的发行人为 NFT 创建或者影响二级市场，又或者提供旨在提高 NFT 价值的其他服

---

① SEC v. W. J. Howey Co., 328 U. S. 293 (1946), https：//supreme. justia. com/cases/federal/us/328/293/，最后访问时间 2022 年 6 月 6 日。
② William Hinman, SpeechDigital Asset Transactions：When Howey Met Gary (Plastic), https：//www. sec. gov/news/speech/speech - hinman - 061418#_ftn5，最后访问时间 2022 年 6 月 6 日。

务，那么该通证更有可能被视为证券。在这种情况下，NFT 的价值增加不取决于其他开放市场上的数字藏家，而是更多取决于发行人的经营管理行为。此类交易也更加贴近证券法中的证券发行。

2021 年 3 月 25 日，SEC 专员海斯特·皮尔斯（Hester Peirce）在证券通证峰会论坛（Securities Token Summit）上警告投资者，"SEC 对于一切可能是证券的东西都保持密切关注"。[1] 她提醒投资者，某些 NFT 在某种情况下可能会被 SEC 认定为未登记的证券；碎片化 NFT，即出售单个昂贵的 NFT 的碎片化过程，也有可能被认定为发行证券。皮尔斯认为，豪威测试依然是判断某项投资合同是不是证券的重要标准。但是，她也承认，在虚拟货币面前，豪威测试也面临许多挑战，并不能完全界定虚拟货币销售、分发的每一种渠道。

如果 NFT 被认定为证券，就要受到证券法的限制，那么 NFT 项目的发行方就需要在 SEC 进行注册。注册之后，也要受到一系列营销和转让的限制。不合规的 NFT 项目有可能被认定为违反《反欺诈法》。如果误导投资者，还有可能面临民事与刑事处罚。如果想要刻意避开 SEC 的监管要求，发行人必须把发行活动转移到美国境外，并且不接受美国投资者的参与。

目前市面上已经出现了普通投资者针对 NBA Top Shot 卡牌

---

[1] Patrick Thompson, SEC Commissioner Hester Peirce at Security Token Summit, https://coingeek.com/sec-commissioner-hester-peirce-at-security-token-summit/，最后访问时间 2022 年 6 月 6 日。

发行方提出的一项非法证券交易指控。① 2021 年 5 月 12 日，原告吉恩·弗里尔（Jeeun Friel）等人，针对发行 NBA 卡牌的发行方 Dapper Labs 公司及其 CEO 罗哈姆·哈雷格佐洛（Roham Gharegozlou），在纽约州最高法院发起集体诉讼。原告声称 Dapper Labs 未在 SEC 注册，非法发行销售 NFT 证券，要求被告赔偿其损失及律师费等费用。

NFT 的中国本土化"文艺复兴"

数字藏品——中国特色的 NFT

自 2021 年 6 月 23 日支付宝在国内首发 NFT 付款码皮肤敦煌飞天以来，NFT 的发行、交易在我国经历了风生水起的一年。除了阿里巴巴、腾讯、京东、百度在内的互联网巨头布局之外，包括视觉中国、芒果 TV、阅文集团等上市公司也纷纷加入 NFT 的发行大潮。不久后，中国的 NFT 更名为含义更加中性的"数字藏品"，试图强化其艺术属性而弱化其金融属性。NFT 在中国的商业应用实践主要体现在文化、艺术、文物、博物馆等传统文化领域的数字化上，可以说走出了一条完全不同于西方的本土化数字"文艺复兴"之路。

例如国内首个数字藏品 App "幻核"，基于腾讯与单向空间联

---

① Jeeun Friel V Dapper Labs Complaint，https：//www.scribd.com/document/507902520/Jeeun-Friel-v-Dapper-Labs-Complaint，最后访问时间 2022 年 6 月 6 日。

合出品的访谈类节目，首期限量发售了 300 枚"有声《十三邀》数字艺术收藏品"，其中包含李安、李诞等 13 个人物的语录。从互联网头部企业的数字藏品运营模式上看，多是与作者或相关权利人签订协议，将原本以视频、音频或者图像形式存在的作品上链铸造成相应的数字藏品，并且利用平台的影响力向平台内用户营销发行。

NFT 在中国发展的去币化、去金融化道路

虚拟货币现阶段在中国是被严格禁止的，所以中国的 NFT 走出了一条独特的去币化道路，大部分平台均依赖自身开发的联盟链发布 NFT（见图 7.1）。此外，由于 NFT 的去金融化要求，多数互联网头部平台严格禁止转售，杜绝二级市场交易。少数 NFT 平台则开放了转售功能，允许用户在购买后进行交易，此类藏品的价格经过炒作进而水涨船高。

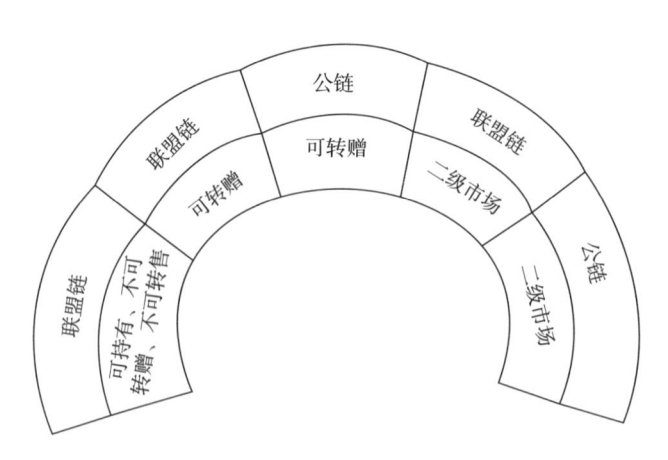

图 7.1 我国现有数字藏品/NFT 项目商业模式一览

中国的 NFT 监管趋势

从目前的监管框架看,短期内围绕 Web 3.0 的监管仍然会采用"分头而治"的底层逻辑(见表 7.1)。一方面,专门的法律规定将会对 Web 3.0 所涉及的共性问题进行顶层监管,包括但不限于区块链术、虚拟货币、个人信息保护与数据安全、平台竞争以及算法应用。另一方面,基于应用场景的特点以及典型案例,相关的细则规定也会逐步完善。例如对数字藏品的发展,中国互联网金融协会等行业自律性组织已经联合发布了《关于防范 NFT 相关金融风险的倡议》,避免数字藏品异化为金融产品而增加金融风险,为数字藏品的发展提供了一定指引。

表 7.1 我国关于 NFT 监管的法律法规一览

监管方向	相关文件
虚拟货币	《关于防范比特币风险的通知》 《关于防范代币发行融资风险的公告》 《关于进一步防范和处置虚拟货币交易炒作风险的通知》 《关于整治虚拟货币"挖矿"活动的通知》
区块链技术	《区块链信息服务管理规定》
算法应用	《互联网信息服务算法推荐管理规定》
个人信息保护	《中华人民共和国个人信息保护法》
数据安全	《中华人民共和国数据安全法》
网络安全	《中华人民共和国网络安全法》

(续表)

监管方向	相关文件
平台治理	《国务院办公厅关于促进平台经济规范健康发展的指导意见》 《关于推动平台经济规范健康持续发展的若干意见》 《国务院反垄断委员会关于平台经济领域的反垄断指南》
元宇宙	《关于防范以"元宇宙"名义进行非法集资的风险提示》
数字藏品	《关于防范 NFT 相关金融风险的倡议》

中国 NFT 的合规要点

NFT 交易主体合规要求

目前主流的数字藏品平台主要采用版权方独立创作或与平台共同创作，经由平台铸造后向用户发行的基本模式（见图 7.2）。数字藏品过程主要涉及平台、版权方、用户三类交易主体。平台作为服务提供方需要根据监管要求履行相应合规义务。

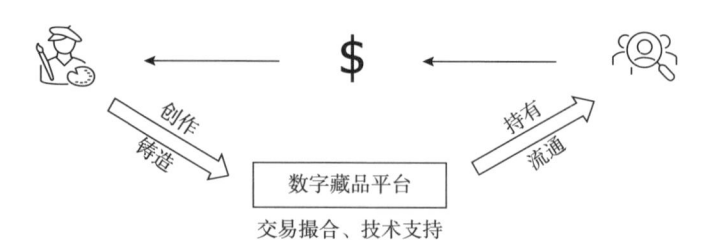

图 7.2 数字藏品平台的运作模式

数字藏品平台至少从事了铸造、发行和运营三项活动，因此数字藏品平台至少需要进行区块链信息服务备案，并获得相应的 ICP 行政许可（见表 7.2）。

表7.2 数字藏品平台通用资质合规要求

业务场景	业务类型	资质要求	法律规定	监管部门
利用区块链铸造发行数字藏品	区块链信息服务	区块链信息服务备案	《区块链信息服务管理规定》	网信办
提供数字藏品信息发布、付费广告等服务	信息发布平台和递送服务	ICP资质（许可/备案）	《电信业务分类目录（2015年版）》	工信部
提供数字藏品检索	信息搜索查询服务			
对数字藏品进行商品评价功能	信息社区平台服务			

对于数字藏品平台而言，除了需要满足基本行政监管的资质要求之外，同时需要关注知识产权授权转让过程中可能引发的民事纠纷和法律风险。著作权法意义上的作品通过NFT铸造成数字藏品，可能会涉及复制权、展览权、信息网络传播权等各类权利。因此，数字藏品平台应当通过协议对相关权利的许可转让予以明确约定，并建立恰当的平台管理规则，避免因权利存在瑕疵引发的侵权风险波及平台本身。

数字藏品交易方式合规要求

数字藏品作为特殊的虚拟商品，其交易流程包含铸造、发行和流转三大过程。在发行环节，数字藏品平台为增加营销热度，往往采用空投、盲盒、拉新赠送、消费打榜等多种营销方法。在流转环节，有些平台仅允许用户持有，有些平台则允许用户转赠乃至转售。从用户角度而言，很多数字藏品一物难求，故而外挂代抢行为时有发生。虽然平台仅允许转赠，但是用户私下转售也并不鲜见。除了平台和用户之外，市面上甚至出现了不少 NFT 带单老师，指导用户进行数字藏品投资。这些行为的合规性如何，在法律上如何评价，平台、用户的行为边界究竟在哪里？上述问题都值得深入探讨。

- 数字藏品禁止二级交易已成合规主流趋势

目前，市面上多家数字藏品平台采用了禁止转售、禁止转赠的模式，用户购买藏品后仅可用于个人收藏。包括腾讯、京东等在内的多家互联网巨头发布的数字藏品，均禁止转售转赠，用户购买后仅可个人持有。支付宝旗下的鲸探作为最早试水数字藏品领域的互联网平台，采用了限定转赠的模式。西安秦储数藏发行的秦储平台、集印猫科技旗下的故纸堆平台[①]等也采用了限制转赠的模式。

尽管监管机构目前尚未明确对数字藏品的法律性质、交易模式做出限制性或者禁止性的规定，但是从长久以来监管机构对虚拟货币等领域的监管政策分析不难发现，防止炒作、禁止非法金融活动一直是监管的核心底线。数字藏品起源于非同质化通证，其天然与我国严厉禁止的虚拟货币有千丝万缕的联系。早在 2013 年，中国人民银行等五部委联合发布的《关于防范比特币风险的通知》中，监管机关就提出要避免因比特币等虚拟商品借"虚拟

---

① 元宇宙，"可转赠的几大国内 NFT 平台"，http：//www.yitb.com/index.php/viewnews-8680，最后访问时间 2022 年 4 月 9 日。

货币之名"过度炒作。2017 年发布的《防范代币发行融资风险的公告》和 2021 年发布的《关于进一步防范和处置虚拟货币交易炒作风险的通知》，均多次重点提及虚拟货币以及相关衍生品的炒作风险，如果涉嫌破坏金融秩序、危害金融安全，则由有关部门进行查处，构成犯罪的还要依法追究刑事责任。因此，数字藏品的转售行为，实际上大大增加了其炒作的风险，进而可能影响金融安全与稳定，甚至破坏金融秩序。主流互联网平台采用禁止二级交易的形式，主要也是从降低炒作风险出发，弱化数字藏品的金融属性。

目前头部互联网平台开发的数字藏品交易功能均不支持转售模式，但是市面上仍然有一些中小型数字藏品交易平台支持数字藏品的转售，即允许二级交易存在。值得注意的是，在 2022 年 3 月 29 日，微信客户端多家与数字藏品相关的公众号或者小程序均被关闭，多数为中小型数字藏品平台。经过检索发现，这些被封禁的数字藏品平台多数都支持二级市场交易，即用户购入数字藏品后可以转售并获利。腾讯微信团队在 3 月 30 日也发布公告，称此次封禁数字藏品相关公众号的行动是针对炒作、二次售卖数字藏品的公众号及小程序进行的规范化整顿。目前，公众号仅提供数字藏品展示和一级交易，不支持提供二级交易；小程序只支持数字藏品展示和一级赠送，交易和多级流转属于未开放范围。故而腾讯对相关微信公众号和小程序进行整顿，亦在情理之中。

- 平台发行营销行为存在合规陷阱

目前市面上的数字藏品发行方式花样繁多，空投、盲盒、拉新等互联网产品营销方法在数字藏品发行上全面开花。

（1）空投赠送数字藏品福利。市面上大部分数字藏品平台都会采用空投形式向用户免费发送藏品，以增加平台热度。这是区块链领域中的经典福利营销方法，即向指定用户（区块链地址）赠送数字通证。

（2）盲盒玩法叠加数字藏品。有些平台选择直接发售数字藏品盲盒，以稀缺性吸引玩家。但是盲盒的稀缺性究竟如何，抽取概率又有多少，平台的行为是否涉嫌诱导非玩家用户进行投机炒作，扰乱正常交易秩序？参照上海市市场监督管理局2022年制定的《上海市盲盒经营活动合规指引》，显然这类利用盲盒进行营销的行为应当慎之又慎，其合规风险不容小觑。

（3）通过拉新活动进行用户奖励。目前，不少平台为了扩张用户数量、增加市场影响力，多采用鼓励老用户邀请新用户的方法，并且根据拉新人数奖励老用户稀有的数字藏品，给予超级赋能。这种"拉人头"的方法在过往许多行业中都有运用，但是拉新的人数多少？是否分层级？合规营销和非法传销的边界在哪里？平台在用户推广时显然应当在法律约束范围内保持克制。

（4）消费冲榜返现抽奖。某些平台规定，消费最多的藏家可以分奖金、领奖品。这种营销方法意在鼓励用户进行更多的消费，从而让早期玩家的藏品有浮盈。

（5）限量发售、抽奖购买。这种营销模式下，有奖销售信息是否明确，抽奖方式是否公平合理，奖品总量和各地区分配数量是否按照法律规定公示，中奖概率是否明确都需要从合规角度进行确认。2019年8月，国家市场监督管理总局发布《规范有奖销售等促销行为暂行规定（征求意见稿）》，对于有奖销售提出了合规要求，平台如果违反相应规定，有可能涉嫌不正当竞争或者侵害消费者权益。

- 用户违规转售时有发生

除了平台端的发行营销行为可能面临合规风险之外，数字藏品用户的某些行为也游走在法律的边缘。

首先，外挂抢购可能是违法的。由于数字藏品的热度居高不下，特别是某些知名IP铸造的数字藏品，限量发售更是难求。因此，市面上出现了使用脚本恶意攻击网站，恶意调用购买端口等违规作弊、抢购藏品的现象。不久前，StarArk数字文创平台就发布紧急公告称平台遭恶意外挂脚本攻击。鲸探也曾发布公告称部分用户使用第三方软件违规作弊，因此对违规用户做出限制购买、转赠数字藏品的处罚。此类用户利用外挂攻击平台的行为，视其严重程度，可能涉嫌非法破坏计算机信息系统。

其次，私下转售屡禁不止。部分用户私下转售禁止转售的数字藏品，违反平台有关规定，此类交易行为难以得到法律保障。鲸探App针对用户在平台外私下交易的行为发布公告，并对此类用户做出限制转赠数字藏品的处罚。此类交易行为由于违反了平台与用户的协议，因此容易遭到平台的查处。交易过程中的转售行为往往是双方私下进行，存在欺诈风险，转赠诈骗行为也时有发生。

再次，带单炒作风险极高。部分用户不满足于自身购买，还通过线下或者线上的方式，向不特定社会群体宣传数字藏品项目，提供有偿咨询,甚至诱导公众进行投资。这种情况下,如果带单老师利用自身影响力低买高卖,甚至诱导其他投资者接盘,则极有可能涉嫌诈骗等违法犯罪行为。无论无偿带单还是有偿带单,用户在向他人提供数字藏品咨询信息时,都要把握尺度。

数字藏品交易对象合规要点

目前,法律上并没有对数字藏品的法律性质进行明确规定,关于其究竟属于数据、网络虚拟财产,抑或艺术品的探讨未有定论,监管规定也未对此予以明确。但是无论如何,根据《民法典》的规定,数字藏品所具备的财产属性应当予以保护。[①] 从市面上数字藏品平台的业务来看,主要以图片类和音视频类数字藏品为主。图片类包括绘画、海报、3D模型等。2022年1月,国画大师齐白石的原作《群虾图》首个社交化数字藏品在"上海嘉禾首届冬季艺术品拍卖会"发售,最终以30万元落锤成交。[②] 音视频类藏品最典型的则是腾讯幻核发布的"有声《十三邀》数字艺术收藏品",这是国内首个由视频谈话节目开发的数字音频收藏品。因此,数字藏品的法律性质不仅需要考虑其作为数据或者网络虚拟财产的性质,更需要考虑其所指向的对象以及所承载内容的法律性质。目前,数字藏品大多为艺术品、音视频、网络表演、网络艺术品等数字化形式,故而平台还需要根据发

---

① 《民法典》第一百二十七条法律对数据、网络虚拟财产的保护有规定的,依照其规定。
② "数字藏品火出圈!想象很丰满,现实有点骨感?",https://mp.weixin.qq.com/s/At7TzaiChVNJNPxblHl1Tg,最后访问时间2022年4月9日。

行数字藏品的特定类型决定是否需要进行特定产品经营业务相关的许可要求。

艺术品类数字藏品经营合规要求。如果数字藏品指向的对象为艺术品，平台可能需要符合艺术品类相关经营合规要求。《艺术品经营管理办法》规定的艺术品包括绘画、书法、篆刻、雕塑等作品及其有限复制品。收购、销售、租赁、经济、商业性展览等均属于艺术品经营活动。① 如果平台经营的数字藏品指向的对象为绘画、摄影、工艺美术作品等艺术品，那么可能需要遵守《艺术品经营管理办法》的规定，在相应的文化行政部门履行备案手续。② 如果平台销售艺术品类数字藏品的方式采用了拍卖等模式，还应当获得

---

① 《艺术品经营管理办法》
  第二条　本办法所称艺术品，是指绘画作品、书法篆刻作品、雕塑雕刻作品、艺术摄影作品、装置艺术作品、工艺美术作品等及上述作品的有限复制品。本办法所称艺术品不包括文物。
  本办法规范的艺术品经营活动包括：
  （一）收购、销售、租赁；
  （二）经纪；
  （三）进出口经营；
  （四）鉴定、评估、商业性展览等服务；
  （五）以艺术品为标的物的投资经营活动及服务。
  利用信息网络从事艺术品经营活动的适用本办法。
② 《艺术品经营管理办法》
  第五条　设立从事艺术品经营活动的经营单位，应当到其住所地县级以上人民政府工商行政管理部门申领营业执照，并在领取营业执照之日起15日内，到其住所地县级以上人民政府文化行政部门备案。
  其他经营单位增设艺术品经营业务的，应当按前款办理备案手续。

相应的拍卖资质。①

网络文化类数字藏品经营合规要求。如果数字藏品指向的对象为网络文化类产品，如网络动漫、表演、网络艺术品，则需要符合网络文化类产品经营合规要求。数字藏品平台通过网络发行网络艺术品等文化产品，可能会被认定为经营性互联网文化活动，根据《互联网文化管理暂行规定（2017年修订版）》，需要取得网络文化经营许可资质。②

音视频类数字藏品合规要求。如果数字藏品指向的对象为音

---

① 《中华人民共和国拍卖法》
第十一条 企业取得从事拍卖业务的许可必须经所在地的省、自治区、直辖市人民政府负责管理拍卖业的部门审核批准。拍卖企业可以在设区的市设立。
② 《互联网文化管理暂行规定》
第三条 本规定所称互联网文化活动是指提供互联网文化产品及其服务的活动，主要包括：
（一）互联网文化产品的制作、复制、进口、发行、播放等活动；
（二）将文化产品登载在互联网上，或者通过互联网、移动通信网等信息网络发送到计算机、固定电话机、移动电话机、电视机、游戏机等用户端以及网吧等互联网上网服务营业场所，供用户浏览、欣赏、使用或者下载的在线传播行为；
（三）互联网文化产品的展览、比赛等活动。
互联网文化活动分为经营性和非经营性两类。经营性互联网文化活动是指以营利为目的，通过上网用户收费或者以电子商务、广告、赞助等方式获取利益，提供互联网文化产品及其服务的活动。非经营性互联网文化活动是指不以营利为目的向上网用户提供互联网文化产品及其服务的活动。
第八条 申请设立经营性互联网文化单位，应当向所在地省、自治区、直辖市人民政府文化行政部门提出申请，由省、自治区、直辖市人民政府文化行政部门审核批准。

视频类节目，则平台的经营活动有可能被视为从事互联网视听节目服务，根据《互联网视听节目服务管理规定》，需要取得信息网络传播视听节目许可资质。① 当然，很多情况下，这些音视频类节目已经制作完成，数字藏品平台仅仅是将已经制作好的视听节目的片段进行上链铸造，这种情况下是否需要与直接发行视听类节目取得同样的资质许可，还需要进一步明确。此外，从事互联网视听节目服务的主体仅限于国有独资或国有控股单位。② 这一点可能也会对企业入局该领域提出一定限制。

出版物类数字藏品合规要求。市面上的数字藏品较多以美术

---

① 《互联网视听节目服务管理规定》
第七条　从事互联网视听节目服务，应当依照本规定取得广播电影电视主管部门颁发的《信息网络传播视听节目许可证》（以下简称《许可证》）或履行备案手续。未按照本规定取得广播电影电视主管部门颁发的《许可证》或履行备案手续，任何单位和个人不得从事互联网视听节目服务。

② 《互联网视听节目服务管理规定》
第八条　申请从事互联网视听节目服务的，应当同时具备以下条件：
（一）具备法人资格，为国有独资或国有控股单位，且在申请之日前三年内无违法违规记录；
（二）有健全的节目安全传播管理制度和安全保护技术措施；
（三）有与其业务相适应并符合国家规定的视听节目资源；
（四）有与其业务相适应的技术能力、网络资源；
（五）有与其业务相适应的专业人员，且主要出资者和经营者在申请之日前三年内无违法违规记录；
（六）技术方案符合国家标准、行业标准和技术规范；
（七）符合国务院广播电影电视主管部门确定的互联网视听节目服务总体规划、布局和业务指导目录；
（八）符合法律、行政法规和国家有关规定的条件。

或者音乐类的单个画作数字藏品或者单个音乐数字藏品存在，通常是以数字化的方式呈现原作品本身。因此，出版此类数字藏品有可能需要按照《网络出版服务管理规定》，取得网络出版服务许可证。但是《网络出版服务管理规定》中规定的"网络出版物"是指"通过信息网络向公众提供的，具有编辑、制作、加工等出版特征的数字化作品，范围包括文字、图片、动漫、音视频读物、游戏、报纸、期刊等。[①] 虽然数字藏品指向的对象是文字、图片，甚至是报纸、期刊，但是这些数字藏品仅仅是以数字化的方式呈现原作品本身，不一定具有编辑、加工、制作等出版特征。因此，是否一定需要网络出版服务许可证，还需要结合具体业务

---

① 《网络出版服务管理规定》
　　第二条　在中华人民共和国境内从事网络出版服务，适用本规定。
本规定所称网络出版服务，是指通过信息网络向公众提供网络出版物。
本规定所称网络出版物，是指通过信息网络向公众提供的，具有编辑、制作、加工等出版特征的数字化作品，范围主要包括：
（一）文学、艺术、科学等领域内具有知识性、思想性的文字、图片、地图、游戏、动漫、音视频读物等原创数字化作品；
（二）与已出版的图书、报纸、期刊、音像制品、电子出版物等内容相一致的数字化作品；
（三）将上述作品通过选择、编排、汇集等方式形成的网络文献数据库等数字化作品；
（四）国家新闻出版广电总局认定的其他类型的数字化作品。
网络出版服务的具体业务分类另行制定。
第十一条　申请从事网络出版服务，应当向所在地省、自治区、直辖市出版行政主管部门提出申请，经审核同意后，报国家新闻出版广电总局审批。国家新闻出版广电总局应当自受理申请之日起60日内，作出批准或者不予批准的决定。不批准的，应当说明理由。

场景进行判断。除此以外,根据《国务院关于非公有资本进入文化产业的若干决定》,非国有控股企业实践中无法取得网络出版服务许可证。① 这一点可能会对大部分企业的发展产生一定的限制。

结语:Web 3.0 的未来合规路在何方?

监管政策的不同使得 Web 3.0 在中西方走出了完全不同的两条路径。有人热血沸腾,要"走出大厂,All in Web 3.0";有人怅然若失,感慨"Web 3.0 与中国无关"。无论是数字藏品、虚拟数字人,还是社交、供应链和应用场景,或许东西方有所不同,但是其背后的 AR、VR、隐私计算、大数据、人工智能技术都是共通的。无论在东方还是西方,Web 3.0 和元宇宙都是线下物理社会到线上虚拟空间的映射,其监管的实质都是通过穿透映射以实现线下生物人和线上虚拟人的"同一认定",追踪链上链下的价值流转。从这个角度看,东西方的 Web 3.0 商业应用虽然和而不同,合规发展却是殊途同归。也许,我们永远没有足够的时间思考和规划未来,然而未来已来,合规之路就在我们脚下。

---

① 《国务院关于非公有资本进入文化产业的若干决定》第九条:非公有资本不得投资设立和经营通讯社、报刊社、出版社、广播电台(站)、电视台(站)、广播电视发射台(站)、转播台(站)、广播电视卫星、卫星上行站和收转站、微波站、监测台(站)、有线电视传输骨干网等;不得利用信息网络开展视听节目服务以及新闻网站等业务;不得经营报刊版面、广播电视频率频道和时段栏目;不得从事书报刊、影视片、音像制品成品等文化产品进口业务;不得进入国有文物博物馆。